W0187555

Marsha Richarz
Wort ist ihr Hobby

Literareon

CPi buch bücher.de und Literareon gratulieren Marsha Richarz
zum 1. Preis bei »Slam the f***ing Poetry« 2014
des Studiengangs Buchhandel / Verlagswirtschaft der HTWK Leipzig,
dotiert mit der Buchveröffentlichung von »Wort ist ihr Hobby«
im Hause Literareon, gedruckt von CPi buch bücher.de.

/kladde.auf/die.reihe/band.25
Literatur mit der Vielfalt zeitgenössischer Schreibweisen

Bibliographische Information
der Deutschen Nationalbibliothek:
Die Deutsche Nationalbibliothek verzeichnet diese Publikation in der
Deutschen Nationalbibliografie; detaillierte bibliografische Daten sind
im Internet
über http://dnb.d·nb.de abrufbar.

Literareon im Herbert Utz Verlag GmbH
www.literareon.de · tel 089·30 77 96·93

ISBN 978·3·8316·1829·3

Inhalt

Sport ist Suizid

Ein Arzt sagte mal: Der Sport ist ein sehr vernünftiger Versuch des modernen Zivilisationsmenschen, sich Strapazen künstlich zu verschaffen. Ein Selbstversuch in zwei Wochen.

Tag 1: Gehe heute das erste Mal zum Bauch-Beine-Po-Kurs, für den ich mich letzte Woche voller Euphorie angemeldet habe. Merke, dass Bauch-Beine-Po-Kurs in etwa so peinlich wie Nordic Walking oder Aquarobic klingt und nenne es ab sofort nur noch BBP (*engl. BiBiPi*), weil es dann mehr nach Trendsportart klingt. Bin heute also das erste Mal beim BBP. Um mich herum etwa 15 ähnlich motivierte Frauen. Der Trainer Andi betritt den Raum. Ein Mann, der mit uns die weiblichen Problemzonen trainieren bzw. anschauen möchte, aha. An etwa 90% der Mädels ist kein Gramm Fett, aber ich höre sie alle jammern, dass sie doch ihre Fettröllchen loswerden wollen. Ich hasse sie jetzt schon. Wir beginnen mit Aerobic zu schlechter Technomusik. Ein bisschen erinnert mich das Bild der Gruppe an die Gummibärenbande, nur mit weniger Taktgefühl. Nach zwanzig Minuten wildem Rumgehampel ruft der Trainer plötzlich »Und jetzt machen wir erstmal zwölf Liegestützen.« Ich muss lachen, merke aber, dass er es ernst meint, versuche mich an einer, schaffe eine halbe und habe eine neue Übung erfunden: Den Liegesturz. Dabei versucht man Liegestützen zu machen, bricht dann aber verzweifelt lachend auf dem Boden zusammen.

Aus den Lautsprechern ertönt ein Remix aus Ghostbusters und Gangnamstyle. »*There's something strange, in the neighbourhood. Who you gonna call? WHOPPAN GANGNAMSTYLE*« und mir wird schlecht.

Nach 45 Minuten Aerobic bin ich verschwitzt und rot im Gesicht. Die Frau neben mir hat weder Schweiß noch rote Flecken und führt jede Bewegung mit der Eleganz einer Ballerina aus. Daneben muss ich aussehen wie ein stinkender Ork, der kurz vorm Verrecken ist.

Irgendwie bring ich die Sit-Ups und diversen Übungen hinter mich, beschließe aber, mir für das nächste Mal vielleicht doch einen Sport-BH zu besorgen, damit der Trainer nicht allzu tiefe Einblicke bekommt.

Gehe nach Hause, habe Lust auf Pizza, Burger, Pommes und Schokolade. Esse stattdessen Gemüse mit Kräuterquark und begrabe den inneren Schweinehund.

Tag 2: Habe zwar den inneren Schweinehund als Haustier losbekommen, bekam dafür aber den Muskelkater des Todes. Habe sogar Schmerzen im Liegen. Beschließe, das Bett nie wieder zu verlassen.

Tag 3: Muss das Haus verlassen, verfluche den Trainer bei jeder Treppenstufe, die ich bewältigen muss. Kaufe im Supermarkt Schokolade, weil sie im Angebot ist. Denke mir, dass ich ja einfach immer nur ein Stück pro Tag essen kann, dann ist das schon in Ordnung.

Tag 4: Habe die ganze Tafel Schokolade inhaliert und fühle nichts. Gehe abends zum Schwimmen. Mit Badekappe und Schwimmbrille betrete ich die Schwimmhalle, in meinem Kopf erschallt dazu *»I'm sexy and I know it«*. Empfinde ein gewisses Überlegenheitsgefühl, nachdem ich alle überholt habe. Also auf der Bahn für langsame Schwimmer. Werde von einem gut aussehenden, muskulösen Mann am Ende der Bahn angesprochen. »Du kannssssssst ruhig vor.«, lispelt er. Es beruhigt mich, dass selbst äußerlich perfekte Menschen so ihre Makel haben.
Verlasse die Halle und fühle mich auf dem Nachhauseweg lebendig und saufertig zugleich.

Tag 5 bis 7: Habe wieder Muskelkater und erzähle es jedem, der es nicht hören will. Werde vielleicht alle meine Freunde verlieren, habe aber dafür den Muskelkater nun als ständigen Begleiter. Gehe zu H&M und möchte Sportklamotten kaufen. In der Sportabteilung gibt es T-Shirts und Tops in Größe S und XS. Das macht Sinn. Frauen mit größeren Größen sind ja auch viel zu fett, um Sport zu machen. Verfluche H&M und esse aus Trotz eine Tafel Schokolade. Schaue dabei Germany's Next Topmodel und beschließe, dass in meinem Leben alles in Ordnung ist, solange mein IQ höher als mein Gewicht ist.

Tag 8: Ziehe mir fürs BBP-Workout einen Sport-BH an. Und ZACK, Brüste weg. Fühle mich sehr männlich und kann endlich nachempfinden, wie traurig es für Männer sein muss, keine Brüste zu haben. Das ist wohl eine der schlimmsten Erfahrungen, die ich bisher in meinem Leben machen musste.

Die Gruppe ist geschrumpft, heute sind wir nur noch zu acht. Die ersten hat die Neujahrs-«Dieses Jahr wird alles anders»-Motivation wohl schon verlassen. Heute macht Kenny, ein Vertretungstrainer, das Training. Er macht sich gleich mit einer Ansage beliebt: »Ich bin nicht so nett wie Andi, bei mir gibt's zwei Regeln:

1. Wenn's weh tut, lächeln!

2. Niemals aufgeben!

Wenn eine von euch bei einer Übung absetzt, müssen alle von vorne anfangen.«

Während er das sagt, grinst er sadistisch in die Runde.

Ich sehe es in den Gesichtern der anderen: Angst, Verzweiflung und Hass. Viel Hass. Nach fünfzehn Minuten Rumhüpfen und Hampelmännern bin ich schon komplett fertig und frage mich, wie ich die nächste Stunde überleben soll.

Er macht Krafttraining mit uns. Er selbst trainiert seit mehr als zehn Jahren und macht mit einem Haufen untrainierter Frauen die gleichen Kraftübungen, die er immer im Training macht. Logisch. Kleinkinder wirft man bei ihrem ersten Stunde Schwimmunterricht auch einfach mal ins kalte Wasser und guckt, was so mit ihnen passiert.

Habe vor brennenden Muskelschmerzen Tränen in den Augen und zische ihm ein »Ich hasse dich!« entgegen.

»Wenn du noch reden kannst, geht noch was.«, entgegnet er mit einem fiesen Grinsen im Gesicht.

»Ich hasse dich.«, sage ich nochmal.

»Das sagen sie alle.«, winkt er ab und geht.

Überlege, ob er so scheiße ist, weil er Kenny heißt, oder Kenny heißt, weil seine Eltern schon wussten, dass sie ein Arschloch gebären.

Tag 9: Habe Muskelkater an folgenden Körperstellen: Schultern, oberer Rücken, unterer Rücken, Bauch, Arme, Po, Oberschenkel, Waden und im kleinen, linken Zeh. Ja, ich bin bewegungsunfähig und habe heute nur einen Punkt auf der To-Do-Liste: Kenny hassen.

Tag 10: Stelle fest, dass ich eine Muskelzerrung im rechten Bein habe und streiche alle weiteren Sportpläne für diese Woche. Sport ist kein Mord, Sport ist Suizid. Bei jeder Bewegung wünsche ich Kenny die Pest an den Hals.

Tag 11: Liege den halben Tag in der Badewanne, um die Muskelzerrung loszuwerden. Schmiere mein Bein mit Kyttasalbe ein. Verbreite nun einen Geruch, der an Altersheim erinnert. Würde Kurt Cobain noch leben, würde er einen Song namens »Smells like Kyttasalbe« über mich schreiben. Hasse Kenny immer noch.

Tag 12: Treffe mich mit Freunden. Sie fragen mich »Sag mal Marsha, hast du abgenommen?«. Hasse Kenny nun ein bisschen weniger.

Tag 13: Nach einem einstündigen Blickduell mit der Waage stelle ich mich mit geschlossenen Augen drauf. Atme tief durch, öffne erst ein Auge, dann das zweite und tatsächlich, ein Kilo weniger. Hasse Kenny vielleicht doch nicht mehr und beschließe, dass das morgige Training doch nicht mit folgendem Satz aus dem Mund der anderen enden wird:
»OH MEIN GOTT, SIE HAT KENNY GETÖTET!«

Elefantenmann und Eulenfrau

Da ich mich bei den hohen Bahnpreisen prostituieren müsste, um mir überhaupt ein Ticket leisten zu können, ziehe ich eine weitaus günstigere Möglichkeit vor: Die Mitfahrgelegenheit. Doch neben dem Preisvorteil hat es natürlich auch einige Nachteile:

Man ist für 6 Stunden mit Menschen in einem Auto eingesperrt, ohne Fluchtmöglichkeit. Zu Schweißausbrüchen kommt es bei mir vor allem bei Menschen, die folgenden Gruppierungen angehören:

Zeugen Jehovas, Vegetarier, die dir eine Stunde lang erklären, warum sie Vegetarier sind, Birkenstockträger, Umweltaktivisten, die gerade bei »'ner Hammerdemo« waren für Solarstrom oder gegen Atomstrom oder gegen alles, was die Regierung gerade so macht, Veganer, die denselben Scheiß machen wie die Vegetarier, Schlagerfans, die am Steuer sitzen und somit der DJ sein dürfen und du nach 6 Stunden wochenlang einen Ohrwurm hast. Und zwar von »Da hat das rote Pferd sich einfach umkehrt und hat mit seinem Schwanz die Fliege abgewehrt.«.

Wenn man Glück hat landet man in einem Mercedes, der mit Klimaanlage und bequemen Sitzen, netten Mitfahrern und einem vertrauenswerten, sicheren Fahrer ausgestattet ist.

Wenn man aber kein Glück hat, so wie ich vor zwei Wochen, landet man in einer Karre, die höchstwahrscheinlich aus verschiedenen Schrottplatzteilen in einem dunklen Hinterhof zusammengeschraubt wurde und droht, jeden Moment auseinanderzubrechen. Der Fahrer rast mit mindestens 170 über die Autobahn, während ich mich noch erstaunt frage, wie es möglich sein kann, dass das Auto überhaupt fährt.

Ich sitze in der Mitte auf der Rückbank, rechts neben mir ein Mann, besser gesagt ein Schrank. 2 m hoch, 1,50 breit und 1 m tief. Bestimmt Bodybuilder oder Türsteher. Beim Atmen schnauft er, als käme er direkt von einem Hundertmeterlauf und sein Ellenbogen stößt mir in die

Rippen, obwohl er seine Arme vor der Brust verschränkt hat. Er sitzt so breitbeinig da, wie ich noch nie einen Mann habe breitbeinig sitzen sehen. Im Stillen denke ich mir, dass ein Mann doch unmöglich so einen langen Penis haben kann, dass dieser so viel Platz zwischen den Beinen beim Sitzen braucht. Außer natürlich, er wäre eine Kreuzung von Elefant und Mensch, was seine Körperstatur erklären würde. Und weil ich die, manchmal sehr unbequeme, Angewohnheit habe mir alles gleich bildlich vorzustellen muss ich lachen und alle schauen mich komisch an. Toll gemacht, jetzt bist du die Bekloppte hier im Auto.

Neben mir sitzt ein Mädchen in voller Hipstermontur: Jutebeutel mit der witzigen Aufschrift »I'm individual«, die ich genauso bei mindestens 10 anderen Hipstermädchen auch schon gesehen habe, gelbe Lederschuhe, Hotpants, darunter eine bunt gemusterte Strumpfhose, einem T-Shirt, das nach »Vintage« aussehen soll, aber bestimmt aus Omas Kleiderschrank geklaut ist und auch so riecht, einer Eulenkette darüber, Riesennerdbrille und Dutt. Sie selbst bezeichnet sich als Mediendesignstudentin/Umweltpolitisch aktiv/ eher so links orientiert/ Vegetariererin, die aber auch mal Chicken McNuggets isst, weil da ja eh kein richtiges Fleisch drin ist/ emanzipiert.

Ich hingegen bezeichne sie als bescheuert, geistig verwirrt und unentschlossen. Natürlich nicht laut, nur gedanklich. Sie ist einer dieser schrecklichen Menschen, die mehr Meinung als Ahnung haben und diese auch wirklich zu jedem Thema kundtun. Ob es jetzt Beschneidung ist, »die doch gar nicht so schlimm sein kann, wie diese ganzen Waschlappenmänner immer behaupten, is' ja nur 'n bisschen Haut und aus religiösen Gründen total nachvollziehbar, auch wenn sie nicht glaubt, dass es einen Gott gibt, aber dass da oben schon einer sitzt« Trocken unterbreche ich sie und frage: »Wer sitzt denn dann da oben? Hans Müller aus der Schillerstraße? Oder doch Mufasa aus König der Löwen?« Sie schaut mich verwirrt an.

In diesem Moment macht es einen Knall, der Auspuff rußt und der

Fahrer in Jogginghosen und mit »Suicide irgendwas« beschriftetem Pulli brüllt wütend los: »ISCH KÖNNT OUSFLIPPEN!« Es stellt sich heraus, dass der Wagen letzte Woche in der Werkstatt war, und jetzt urplötzlich noch was kaputt ist. Mit blinkender Elektroleuchte halten wir, der Handwerker aus der Werkstatt wird gerufen. Der ADAC ist in so einem Notfall natürlich auch völlig überbewertet. Der Handwerker kommt, ohne Werkzeug natürlich, macht man ja so, wenn man zu einem kaputten Auto fährt.

Nach einem zweistündigen Ausflug nach Borna in die Werkstatt fahren wir wieder gen Süden. Borna. Hab ich das auch mal gesehen. SCHÖN! SO EIN NETTER AUSFLUG.

Der breitbeinige Elefantenpenismann neben mir ist eingeschlafen und grunzt. Vielleicht war ja auch ein Schwein bei seiner Zeugung mit dabei. In Amerika ist ja in 23 Staaten der Sex mit Tieren gesetzlich erlaubt, während die Ehe zwischen gleichgeschlechtlichen Menschen nur in 4 Staaten toleriert ist.

Zusammengekauert auf der Rückbank, die Beine so eng zusammengepresst, dass es dauerhaft so aussieht, als müsste ich auf die Toilette, versuche ich zu schlafen. Ich möchte mich nicht mehr unterhalten, doch das Hipstermädchen hat ein neues Thema gefunden: *Die Ukrainekrise.* Ich höre ihr nicht mehr wirklich zu, irgendwas mit »Putin hat die die wahre Weltmacht in der Hand«, wobei ich automatisch anfange leise zu singen »He's got the whole world in his hands«, um diesen Wahnsinn überhaupt ertragen zu können.

Irgendwann beugt sie sich über mich und haut Mister Elefantenschwanz an und fragt ihn: »Haste eigentlich auch 'ne Meinung zu den Problemen in Deutschland?«. Er denkt kurz nach, macht eine dramatische Handbewegung, mit der er mir fast die Nase bricht, und meint mit ernstem Gesichtsausdruck: »Alle Drogen legalisieren. Die Politiker wären viel gechillter und weniger Kriminalität gäbe es auch. So Prostitution und so.« Schweigend schauen wir ihn an, wobei ich mir fast den Hals verrenke, um ihn überhaupt richtig sehen zu können. Warten auf einen Zusatz, doch er scheint es ernst zu meinen. Das Eulenmädchen beschließt dazu ausnahmsweise mal keine Meinung zu haben und lehnt sich ans Fenster, unter dem Kopf ihr Jutebeutel, und schläft.

Ich will auch schlafen, fühle mich jedoch ein wenig wie eine Ölsardine in der Dose und versuche es mir so bequem wie möglich zu machen.

Zehn Minuten und eine Vollbremsung später muss ich lernen, was ich bisher für unmöglich gehalten hatte: Man kann auch Krämpfe im Hintern bekommen. Ich hebe mein rechtes Bein an, um den Schmerz zu lindern, was der Elefantenmann als Aufforderung wahrnimmt, sich noch breiter zu machen.

In dieser Position, die wohl auch aus dem Yoga stammen könnte, die Yoga·Kranich·Fuchs·Schwan·grüßt·Sonne·Und·Küsst·Dabei·Den·Boden· Oder·Den·Arsch·Pose, wie mir das Hipstermädchen ungefragt verrät, verharre ich nun die restliche Fahrt. Es könnte schlimmer sein, denke ich mir.

Es ist aber immerhin nur noch eine Stunde Fahrt, die zum Glück wie im Flug vergeht. Mein Hintern hat keinen Krampf mehr, er ist lediglich eingeschlafen, das Hipstermädchen schläft auch und hält zum Glück den Mund und der Schrank neben mir hat tatsächlich 10 cm Platz für meinen rechten Fuß gemacht. Besser wird's eh nicht mehr.

Sonntagabend stehe ich am Bahnhof und warte auf meine Mitfahr· gelegenheit. Mir geht nur ein Gedanke durch den Kopf: »Bitte besser als letzte Woche. Bitte besser als letzte Woche. Bitte besser als …«

Vor mir hält ein schwarzer Mercedes. Ein sympathischer Mann, unge· fähr in meinem Alter steigt aus und begrüßt mich freundlich. Ich lächle. Das könnte eine gute Fahrt werden. Dann fällt mein Blick auf seine

Füße. Er ist barfuß. Außerdem riecht er merkwürdig. Aus dem McDonalds kommt das Hipstermädchen von letzter Woche mitsamt Koffer auf mich zu. »Bitte nicht!« denke ich noch, da steht sie schon vor uns.

Hoffentlich überleben wir diese Fahrt. Garantieren kann ich bei dem Barfußfahrer, der übrigens kurz vor der Fahrt gekifft hat, und meinen Mordgedanken für nichts.

Frau sucht Mann

Wir befinden uns im heimeligen heimlichen Heim der bärtigen Barbara. Die supereinsame strunzdumme stinkende Singlefrau sucht einen männlichen Macker zum Liebhaben. In ihrer kleinen kultigen Küche kocht die knackige Köchin gerade eine knorke kulinarische Köstlichkeit: Knusprige Kohlrouladen.

Die verwirrte Versagerin Vera fand den fetten faulen Fitnessfreund Franz und den pfiffigen Pfälzer Peter in den Bewerbungen und dachte sich »Die lassen bestimmt alles mit sich machen«. Im romantischen reizenden Rheinland kommt es zum ersten Treffen der schauspielerisch unbegabten Menschen.

Der freudige Franz verliert seine vorfreudige Vorfreude schnell als er die behaarten Beine der bärtigen Barbara sieht, darf aber nichts sagen, weil das dufte Drehbuch ihm vorschreibt, dass er sich am zweiten Tag in sie verlieben wird. Die busenlose Barbara findet großes Gefallen an dem tonnenschweren Phallussymbol Franz. Der pietätlose Penisträger Peter ist eigentlich der geldgeile garstige Günther, der das alles nur für die geringe Gage macht, aber das muss die busenlose Barbara ja nicht wissen.

Das drollige doofe Drehbuch lässt den patenten Pfälzer bereits am zweiten Tag verschwinden. Jetzt sind nur noch der fickrige Franke Franz und die schüchterne gar nicht mal so schöne Schönheit übrig, die sich zu einem prachtvollen Popcornpicknick am fauligen Flusswasser des Rheins treffen. Mit dabei ist der rollige Rauhaardackel der biegsamen betrunkenen Barbarin Barbara.

Der optimistische Ohrschmuckträger gesteht der bierbäuchigen Barbara seine langlebende Liebe, ganz nach Drehbuch. Bei einem schleimigen Schmatzer zeigen die feurigen Frischverliebten ihre lüsterne Leidenschaft zum Leidwesen aller ahnungslosen anwesenden auszubildenden Kameramänner.

Doch die nuttige Nudistenexfreundin Natascha mit katastrophalem Kleidungsstil kann ihre extreme Eifersucht nicht zurück halten und will ihren fäkalhumorigen Fickfreund Franz mit weinrotem Vino verführen. Die dauergelangweilten Drehbuchautoren wollten einen barbusigen Bitchfight, doch das war der piekfeinen Produktionschefin Paula zu viel und so gibt es nur ein mieses Mimenspiel zwischen der beknackten Barbara und der Narkolepsiepatientin Natascha.

Dem flatulenten Franz gefällt das gar nicht. Der treue Tierfreund schnappt sich den räudigen Rauhaardackel Ronny, seinen lachhaften Lohn und verlässt die beiden drogenabhängigen Damen.

So bleibt der bärtigen, behaarten, busenlosen, bescheuerten Barbara nichts weiter übrig als einen verfickten Vertrag für die nächste scheinheilige Staffel zu unterschreiben.

Und wenn sie nicht gestorben sind, so leben sie alle noch davon, sich von zuhauf aufkommenden Alliterationen anlässlich aller Auftritte bei dem Sender mit den drei Buchstaben beleidigen zu lassen.

Liebesverkehr

Franz Kafka sagte einmal »Die Liebe ist so unproblematisch wie ein Fahrzeug. Problematisch sind nur die Lenker, die Fahrgäste und die Straße.«

Und dann sind da noch die Menschen ohne Führerschein und Fußgänger. Bunt zusammengewürfelte Mitfahrgelegenheiten mit Menschen, die man sich vorher nicht aussuchen kann.

Ampeln, die nicht funktionieren und ein Verkehrschaos verursachen. Ampeln geben manchen Menschen grünes Licht, anderen Menschen rotes Licht und Farbenblinde erkennen das alles erst gar nicht.

Es gibt Treppen, aber keine Aufzüge und Rollstuhlfahrer, die auf Umwegen zu ihrem Ziel müssen.

Enge Gassen, aber Lastwagen, die umdrehen und woanders langfahren müssen, während Fahrradfahrer sich einfach durch die Gasse hindurch schlängeln können.
Straßenbahnen, in denen viele Leute auf einmal fahren können und steigende Ticketpreise.

Busse, die zu spät kommen, und Züge, die komplett ausfallen. Nah- und Fernverkehr. Schnellzüge und Bummelbahnen.

Taxis mit Taxifahrern, die für den Transport bezahlt werden und mit denen man eine kurze Zeit seines Lebens verbringt.

Straßen voller Schlaglöcher, Straßen mit Pflastersteinen, Landstraßen, Autobahnen, Waldwege, Wanderpfade, Einbahnstraßen, Sackgassen und alle Wege führen nach Rom. In manchen Ländern gibt es Rechtsverkehr, in anderen Linksverkehr und in wieder anderen stehen Kühe oder Schafsherden auf der Straße.

Verkehrsschilder in vier verschiedene Richtungen und in tausend verschiedenen Sprachen und manchmal verpasst man eine Ausfahrt und verfährt sich.

Navigationssysteme, die nützliche Wegweiser sind und gleichzeitig den naturgegebenen Orientierungssinn zerstören.

Autofahrer, die blinken. Autofahrer, die das mit dem Reißverschlusssystem nicht verstanden haben. Hupende und fluchende Autofahrer. Teure Autos und billige Autos. Qualitätswäre und Ramsch.

Und irgendwo dazwischen bist du.

Brief an die Muse

Liebe Ex-Muse,

als ich dich das letzte Mal gesehen habe, hast du zu mir gesagt, dass du »nur mal eben Zigaretten holen gehst.«. Das war vor 3 Monaten und jetzt frage ich mich langsam, ob du mich nicht doch verarscht hast. Habe ich dich vielleicht vernachlässigt? War ich zu sehr mit anderen Dingen beschäftigt?

Du bist weg und ich weiß nicht, wo du dich versteckt hast. Ich habe schon überall nach dir gesucht: In meiner Weinflasche, im Reimlexikon, auf Twitter, in meinen alten Blogeinträgen, in der Weinflasche, auf Instagram, im Wäschekorb, im Mülleimer, in der Weinflasche, unterm Kopfkissen, in den Kinderbüchern meines kleinen Bruders, in meinem Kopf, in meinem Herzen, ja sogar in der Bildzeitung und schlussendlich nochmal in meiner Weinflasche. Nichts. Du bist spurlos verschwunden. Ohne Abschiedsbrief. Findest du das nicht ein bisschen unfair?

Ich hasse dich. Und liebe dich gleichzeitig. Du hast mir keinen Korb gegeben, nein, du hast mich mit einem Einkaufswagen beworfen. Und dabei meine Kreativität getötet. Ich habe gedacht, wir wären Freunde. Oder sogar noch mehr als das. Was mit Künstlerliebe. Habe dir gedankt und bekam jetzt nur ein »Fick dich!« von dir.

Wir beide, wir waren groß. Zusammen haben wir Menschen in andere Welten entführen und verzaubern können. Wir haben sogar auf Poetry-Slam-Bühnen gestanden und ab und zu sogar mal gewonnen. Wir haben Wortgebilde geschaffen. Nie dagewesene Wortgebilde. Getanzt haben wir in diesen Wortgebilden zu neuen Melodien. Im Einklang. Es hat sich so leicht angefühlt, so einfach. Ohne dich bin ich nicht ich. Das klingt kitschig, ist aber so. Wirklich.

Komm doch bitte wieder! Wahrscheinlich gehst du mir eh gerade fremd. Bist du bei J.K. Rowling? Oder George R.R. Martin? Weil sie erfolgreicher sind als ich? WIR KÖNNTEN AUCH SO SEIN, DU ARSCH! Entschuldige, kleiner Ausraster. Komm wieder. Ich mach uns heißen Kakao oder wir trinken Wein und reden über unsere Differenzen und fangen wieder an miteinander zu arbeiten, miteinander zu leben und zu lieben, ja?

Und komm ja nicht wieder auf die Idee, nur deinen Bruder hierher zu schicken. Der ist noch in der Ausbildung. Der mag ja ganz nett sein, aber nett ist die kleine Schwester von scheiße. Siehst du, was der mit mir macht? Nur noch Facebookphrasen hab ich im Kopf. Außerdem bringt er mir so Ideen wie »Du bist nicht der Hammer, du bist der ganze Werkzeugkasten.« Oder lässt mich schlechte Reime wie Herz und Schmerz, Liebe und Triebe oder »Mehr schlecht als Brecht« machen. Das ist doch keine Poesie, das ist gequirlte, wiedergekaute Scheiße, die kein Schwein hören will!

Und wenn er mal wieder keine Lust hat, mir zu helfen, sagt er Sachen wie »Papier ist geduldig.«. Ich aber nicht. Ich will schreiben. Über … Über … Ach, mir fällt noch nicht mal ein Thema ein, aber das ist dir ja egal. Dir ist alles egal. Und küssen kann dein Bruder auch nicht. Fühlt sich an, als würde ich einen kalten Frosch küssen. Nur leider wird der hier nicht zum Prinzen.

Letztens schlug er mir sogar »Träume nicht dein Leben, sondern lebe deinen Traum.« als Lebensmotto vor. Ich sag dir jetzt mal was. Das benutzt jeder. Das ist die Schlampe unter den Lebensmottos, das Arschgeweih. Der Nachteil an deinem Bruder ist einfach, dass er keinen Vorteil hat. Er ist der Mario Barth unter den Musen.

Gibt es gegen Unkreativität nicht was von Ratiopharm? Wenn ich da ganz viele Pillen durcheinander nehme bekomme ich doch bestimmt wahnhafte Ideen. Und vielleicht sterbe ich dann auch. Wie die ganz großen Dichter vor mir. Eine Tragödie wäre das. DAS HAST DU JETZT DAVON.

Stell dir mal vor, du bist in dem Film »Saw« und verstehst das Spiel nicht. Das ist jetzt total ohne Zusammenhang in diesen Brief an dich eingefügt, aber das ist nur, weil du nicht bei mir bist und ich deswegen nicht bei Sinnen bin. Sinnvolle Texte gehen bei mir nicht mehr.

Kannst du dich noch an unsere Mitternachtssnacks erinnern? Als wir einfach zusammen in die Küche gegangen sind und uns Gedanken gemacht haben? Das waren noch Zeiten.

Aber wenn das hier so weitergeht, dann ziehe ich noch das Ausdruckslos. So wie Til Schweiger. Oder fang an so schlechte Witze zu reißen wie

Dieter Nuhr und nur noch peinlich über mich selbst zu lachen.

Bis du wieder da bist werde ich einfach nicht mehr schreiben. Und alle sich bewerbenden Musen wegschicken. Was will ich denn mit denen? Du bist perfekt, die anderen sind die Restposten im Musenausverkauf. Kannst du dir vorstellen, dass letztens eine da war, die so aussah wie eine Mischung aus Cruela de Vil und Tine Wittler? Ich habe lachend die Tür zugeschlagen. Für dich wird sie offen sein. Immer.

Lange Rede, gar kein Sinn: Ich vermisse dich und will dich wieder haben. Lass uns wieder wunderbares schreiben. Bitte.

In Liebe,
deine Marsha

P.S. Ich will kein harmloses Küsschen von dir, ich will mit dir schlafen. Denn aus Leidenschaft entstehen die besten Werke.

Diese Woche ist nicht mein Tag

Es ist einer dieser Tage.

Einer dieser Tage an denen du nicht mit dem falschen Fuß aufstehst, sondern gleich ganz aus dem Bett rausfällst. So ein Tag, an dem du selbst über dein schnurloses Telefon stolperst. Und du ahnst, dass das Einzige was an diesem Tag Spannung in deinem Leben erzeugen wird, dein Spannbettlaken ist.

Einer dieser Tage, an denen der Kaffee keinen Tatendrang, sondern nur den Drang aufs Klo zu gehen in dir auslöst.

Ein Tag, an dem dich ein fremdes Kind auf der Straße anschaut, mit dem Finger auf dich zeigt und laut schreit: »Mann, sieht die da scheiße aus.«.

Ein Tag, an dem du auf die Frage »Kann ich dir einen ausgeben?« als Antwort bekommst: »Ich hätte lieber das Geld.«.

Ein Tag, an dem es so heiß ist, dass du dir eigentlich einen Privatdetektiv zum Beschatten engagieren müsstest.

Ein Tag, an dem sich die Sprache deines Bankautomaten automatisch auf Griechisch umstellt, weil dein Konto so leer ist. An dem du deinen Kontoauszug »Mein Griechenland« nennen könntest.

Ein Tag, an dem du mit Mordshunger nach Hause kommst und nur einen Zettel am Kühlschrank vorfindest. Und auf dem steht: «Hallo Schatz, dein Essen steht im Kochbuch.«

Ein Tag, an dem du nur schlechte Witze reißt. So was wie »Komm lass uns zum Briefkasten gehen, da geht die Post ab.« Und du musst dir deine eigenen Pointen erklären.

Ein Tag, an dem dir dein Freund gesteht er ist jetzt mit deinem Ex-Freund zusammen.

Ein Tag, an dem dein Tagebuch anfängt zu weinen, weil dein Leben so unerträglich ist, an dem sich dein Teddybär die Augen auskratzt nur um dich nicht mehr sehen zu müssen.

Ein Tag, an dem du deine Gefühle am liebsten an einem Baum am Rastplatz festbinden würdest um dann mit quietschenden Reifen davon zu brausen.

Ein Tag, an dem dir selbst dein Kopfkino Horrorszenarien vorspielt. In diesen Szenarien ist Mario Barth dein Vater und Cindy aus Marzahn deine Mutter.

Ein Tag, an dem du dir denkst »Diese Woche ist nicht mein Tag«.

Ein Tag, an dem der Regisseur deines Lebens eindeutig besoffen gewesen sein muss.

Ein Tag, an dem du dich stundenlang auf den Kopf stellst in der Hoffnung, dass deine Gedanken mal wieder auf den Boden der Tatsachen zurückfinden.

Ein Tag, an dem du eine Geschlechtsumwandlung erwägst, nur um mal wieder Herr deiner Sinne zu werden.

So ein Tag, an dem du dir deinen Oberkörper mit Zeitungspapier einwickelst, weil »Die Zeit« ja alle Wunden heilt.

Ein Tag, an dem du dich beklagst, dass du nicht immer bekommst was du willst. Und an dem dir deine Freunde antworten, dass du lieber froh sein solltest, dass du nicht bekommst was du verdienst.

So ein Tag, an dem du deinem Therapeuten von einem solchen Tag erzählst und er nur antwortet: »Das ist aber auch alles eine Scheiße.«

Und er verschreibt dir kein Bad mit ätherischen Ölen, sondern ein Bad mit Föhn.

Es ist eben einer dieser Tage, an denen die Realität der Hoffnung mal so richtig in die Fresse haut.

Nach einem solchen Tag legst du dich ins Bett und sehnst dich nach einem besseren Tag.

An dem alles Essen nach Schokolade schmeckt und die Luft nach frisch gemähtem Gras.

Ein Tag an dem dein Lieblingsessen 0 Kalorien hat und dein erster Kaffee schon Wirkung zeigt, nicht erst der fünfte.

Ein Tag, an dem du immer pünktlich bist, egal wann du los fährst.

Ein Tag, an dem Langeweile nicht existiert, an dem dieses Wort noch nicht mal im Duden steht und nicht definierbar ist.

Ein Tag, an dem sich alle in dein Lächeln verlieben.

Ein Tag, an dem sich die Temperatur an dich anpasst und du weder schwitzen noch frieren musst.

Ein Tag an dem Weihnachten, Ostern und dein Geburtstag zusammen fallen.

Ein Tag an dem die Hoffnung überhaupt nicht stirbt, sondern alles überlebt. Sogar die verdammt harte Realität.

Kurz gesagt: Ein Tag, an dem alles perfekt ist.

Tief in deinem Herzen weißt du, dass das niemals passieren wird. Dass es so einen Tag niemals geben wird. Deswegen hoffst du, dass der nächste Tag wenigstens durchschnittlich wird. So ganz normal.

Und du schläfst ein und träumst von grünem Gras und Schokolade.

Vom Mädchen, das wunschlos unglücklich war

Es war einmal ein kleines Mädchen, voller Wünsche und Träume.

Mit sechs Jahren wollte sie Prinzessin werden. Sie hatte zu viele Disneyfilme gesehen und jeden Sonntag mit ihrer Mutter eingekuschelt die alten, tschechischen, prunkvollen Sonntagsmärchen angeschaut, direkt nach der Maus. Ihr Lieblingsmärchen war „Das Aschenbrödel", weil die Prinzessin so wunderschön war, aber auch viel herumtollte wie die Kinder in der großen Pause auf dem Schulhof. Sie zog sich Kleider an, setzte sich die viel zu großen Hüte ihrer Mutter auf und stöckelte in hohen Schuhen durch die Wohnung bis sich die alten, grummeligen Nachbarn mit dem bellenden Hund unter ihnen wegen des Lärms beschwerten. Doch dann starb Lady Di, eine echte Prinzessin und das kleine Mädchen wollte nicht mehr Prinzessin werden, weil das bedeuten würde, dass sie jung sterben müsse. Und außerdem sagte ihr jeder, dass sie dafür eh zu dick sei und viel zu wilde Haare habe.

Mit sieben Jahren wollte sie reiten lernen. So wie die Mädchen in den Büchern, die ihre kompletten Ferien auf Reiterhöfen verbrachten und Abenteuer erlebten. Im Ferienreiterkurs teilte man ihr ein Pony zu, dabei wollte sie doch auf ein großes Pferd und Turniere reiten. Doch dazu fehlte ihr das Geschick und Geld und als sie beinahe vom Pferd fiel und die anderen sie auslachten war auch dieser Traum für sie gestorben und sie suchte woanders nach Abenteuern.

Mit acht Jahren wollte sie Tänzerin werden. Auf großen Bühnen stehen und tanzen. Also besuchte sie die Tanzschule, doch da sagte man ihr, dass sie zwei linke Füße hätte. Auch nach mehrmaligem Überprüfen dieser Aussage kam sie zu dem Schluss, dass dem nicht so sei, schließlich passten ihr nach wie vor ihre Schuhe, von denen einer für einen linken und der andere für den rechten Fuß war, und blieb trotzdem im Tanzkurs. Doch auch diesen Traum begrub sie schnell neben dem ersten, als sie bei der ersten Aufführung über ihre eigenen Füße stolperte, in die Folie, mit denen sie herumwirbelten, fiel und dabei drei andere Mädchen mitriss, wovon eines Nasenbluten bekam und damit dem ganzen Auftritt noch eine besondere farbliche Note gab.

Mit neun Jahren wollte sie Rosen züchten. Weil sie schön waren. Mehr Gründe brauchte es doch nicht für diesen Wunsch, denn was könnte es schließlich schöneres geben, als diese Welt ein bisschen zu verschönern? Doch jede Pflanze verdorrte, selbst die Kakteen, und ihr Gesicht wurde immer trauriger. Ihre Mutter warf die Pflanzen mit dem Kommentar fort, dass ihr Daumen nun mal nicht grün sei, sondern pechschwarz.

Mit zehn wollte sie beliebt sein. Sie hatte zwei gute Freundinnen, doch sie wollte viele, alle sollten sie mögen. So vergaß sie für eine Weile sich selbst und als sie feststellte, dass Qualität wichtiger als Quantität war – so wie bei den Meldungen im Unterricht – gab sie diesen Traum freiwillig auf.

Mit elf wartete sie sehnlichst auf ihre Eule aus Hogwarts. Immerhin hatte sie genauso wilde Haare wie Hermine Granger und mutig genug, um gegen Trolle zu kämpfen war sie auch. Tag und Nacht ließ sie das Fenster offen, damit die Eule sie auch erreichen konnte. Als sie am ersten September immer noch keinen Schulbrief von Hogwarts bekam überlegte sie, wie viele Muggle wohl heute wieder versuchen würden am King's Cross in London auf Gleis 9 ¾ zu gelangen.

Wenige Jahre später saß sie im Garten, vor sich die sechs Gräber ihrer begrabenen Träumen, mit den zwei linken Füßen, einer wilden roten Haarmähne, dem fehlenden Geschick, ein paar wunderschönen Kilos zu viel auf den Rippen und einem schwarzen Daumen. Sie hatte keine Träume und Wünsche mehr, die Menschen machten sie traurig, weil sie anscheinend nichts konnte, außer dazusitzen, zu träumen und dabei Löcher in die Luft zu gucken.

Da kam ein älterer Mann vorbei, sah das traurige Mädchen auf den Treppenstufen sitzen und setzte sich zu ihr. Erstaunt schaute sie ihn an und er reichte ihr mit zittrigen Fingern und einem faltigen Lächeln im Gesicht ein wunderschönes Notizbuch und einen Stift.

„Versuch es. Schreib alles auf, was dir durch den Kopf geht."

Mit einem wissenden Grinsen verabschiedete er sich nickend und humpelte mit seinem Krückstock davon.

Das Mädchen jedoch fing an Geschichten zu schreiben und konnte nicht mehr aufhören.

Und wenn sie nicht gestorben ist, dann habt ihr bestimmt schon ein Buch von ihr gelesen. Oder sie schreibt sich immer noch die Finger wund.

Prüfungsrelevantes und andere sinnlose Dinge

Montagmorgen. Mit Kopfhörern im Ohr betrete ich den Seminar-
raum. Aus mir unerklärlichen Gründen habe ich die Bangles im Ohr mit
»It's just another manic monday. I wish it was sunday«. Ich habe jetzt
Sprachgeschichte. Und wie jeden Montagmorgen frage ich mich, warum
zur Hölle ich Germanistik studiere und was es mir für mein späteres
Sonderpädagogendasein bringen soll, wenn ich weiß, wo unsere Sprache her kommt. Ich mein, ich bin ja schon froh, wenn meine Schüler
später lesen und schreiben können.

Ich setze mich neben eine Kommilitonin und bemerke, dass sich ihre
Lippen bewegen. »Komisch, mit wem redet die denn da?«, frage ich
mich noch, da tippt sie mich auch schon an. Achso, mit mir, klar. Ich
nehme die Kopfhörer raus.

»Na, wie war dein Wochenende?«, fragt sie mich mit ihrer viel zu hohen, quietschigen Stimme, die mich immer ein bisschen an betrunkene
Junggesellinenabschiede erinnert.

»Naja, Samstagabend wollte ich eigentlich was trinken gehen, aber
dann hatte meine Mitbewohnerin Männerbesuch in der Küche und ich
hatte keine Hose an und sah von der Party am Freitag noch so aus wie
ein Pandabär, weil ich mich nicht abgeschminkt hatte. Und all meine sau-
beren Sachen waren in der Waschmaschine im Bad und dafür hätte ich
das Zimmer verlassen müssen, aber meine Mitbewohnerin hatte doch
Männerbesuch da, also hab ich mich nicht rausgetraut, wie peinlich das
gewesen wäre dem plötzlich so entgegenzulaufen und dann hab ich stattdessen meinen BAföG-Antrag ausgefüllt. Aber das lief eher so semigut,
ich kam nur bis zu dem Satz »Zum Zeitpunkt der Antragsstellung habe
ich Vermögen ...« und dann musste ich erstmal eine Stunde lang lachen.

Danach wollte ich schlafen gehen, weil ich konnte ja nicht raus, weil
da ein Mann in unserer Frauen-WG war und ich so spontan nicht mit so

neuen Situationen umgehen kann, ich brauch da schon mal ein, zwei Jahre oder so, um mich an neue Lebensbedingungen zu gewöhnen. Aber dann hat die Flötentante unter mir angefangen ihre Querflöte zu vergewaltigen und der Schlagzeugertyp von oben hat spontan mitgespielt und naja, dann hab ich halt auch Gitarre gespielt. Kannst du dir vorstellen, wie cool das ist, so eine Drei-Etagen-Band mit zwei Fremden zu haben? Die anderen im Haus freuen sich bestimmt auch immer über die Gratiskonzerte.

Und dann ging in der Wohnung gegenüber plötzlich das Licht an und mein Gegenübernachbar lief nackt durch sein Zimmer, so ohne Vorhänge, also entweder ist er dumm oder er zeigt sich einfach gerne nackt und ich bestellte im Internet auf der Seite »leuchtreklamen.net« ein blinkendes Neonschild für mein Fenster mit der Aufschrift »Vorhänge verdecken dein Gehänge!«

Und dann hab ich noch was für die Uni ausgedruckt und nachdem ich meinen Drucker jetzt schon ein halbes Jahr habe, hab ich rausgefunden, dass der sogar automatisch beidseitig drucken kann und dann hab ich noch mehr Druckerfunktionen entdeckt und kam mir am Ende neben meinem Drucker mit seinen vielen Funktionen auf einmal ganz untalentiert vor. Und dann bin ich ins Bett, weil ich so traurig war«, erzähle ich ihr natürlich nicht, sowas erzählt man ja auch keinem, da wird man ja für komplett bescheuert gehalten, und sage stattdessen »Hm. Naja. Ok. Wie immer. Und deins?« Doch ehe sie antworten kann, kommt die Dozentin in den Raum.

Sie redet irgendwas über das letzte Seminar und fragt, ob denn irgendjemand das letzte Seminar kurz und knapp zusammen fassen könnte und ich muss ein bisschen lachen, denn wir sind hier in einem Germanistikseminar und ich kenne keinen einzigen Germanistikstudenten, der sich kurz fassen könnte, vor allem nicht der Typ links von mir, der mit der JD-Lippe und dem arroganten Blick, der besagt »Ich weiß alles besser als ihr, aber ich melde mich nicht, weil ich mir dafür viel zu schade bin.«

Wir alle schauen die Dozentin mit großen, hoffnungsvollen Augen an und warten darauf, dass sie uns erlöst und es einfach selbst zusammenfasst. In einem schlechten Film wären in diesem Moment zirpende Grillen im Hintergrund abgespielt worden, doch da das Leben die besseren Drehbücher schreibt schreien auf dem Innenhof drei niveauvolle Bildungselitestudenten laut »IN YOUR FACE!«. Timing war selten schöner.

Ich selbst antworte in diesem Seminar nie auf ihre Fragen, nicht weil ich sie als vorbildliche Studentin nicht wüsste, sondern weil ich immer hoffe, dass sich der französische Erasmusstudent meldet und uns mit seinem süßen französischen Akzent unsere Sprache erklärt. Aus seinem Mund klingen selbst Sätze wie »Und das kö ‚atte sich zü einöm ach-laut öntwickält« und »In där Vokalisierung wurdä die e zu einöm i ge'oben« liebenswert. Ich stelle mir vor, wie er wohl in Frankreich mit einem Baguette unter dem Arm und einem Baskenmützchen auf dem Kopf in einem gestreiften T-Shirt mit dem Rad rumfährt und seinen französischen Freunden von den dummen deutschen Studenten erzählt, die sich im Seminar nie beteiligen. Und dann lacht er zusammen mit seinen Freunden, die natürlich auch alle ein Baskenmützchen auf dem Kopf und ein Baguette unter dem Arm haben, weil in meiner Fantasie laufen alle Franzosen immer so rum.

Plötzlich sagt die Dozentin diesen einen Satz, der jeden Studenten in Panik versetzen und aus Tagträumen reißen kann. »Das Folgende ist jetzt prüfungsrelevant.« Urplötzlich hört man Blöcke rascheln und Kugelschreiber klicken und über das Papier rasen, als würde es um Leben und Tod gehen. Ich höre ihr aber trotzdem nicht zu, im Laufe meines Studiums habe ich mir nämlich die praktische Fähigkeit angeeignet mitzuschreiben, ohne wirklich wahrzunehmen, was ich da eigentlich mitschreibe. Mein Blick fällt auf die Arme der Dozentin, die so behaart sind wie die eines griechischen Mannes und ich frage mich, ob sie wohl schon mal überlegt hat mit dieser Behaarung als Affenarmdouble für Tierdokus zu arbeiten, anstatt hier desinteressierten Studenten was über den Rheinischen Fächer zu erzählen.

Die Kommilitonin stupst mich wieder an und fragt mich, ob das mit dem Affenarmdouble in meinen Notizen denn klausurrelevant wäre, sie hätte ja gar nicht mitbekommen, dass die Dozentin das gesagt hätte und ich schaue verwundert auf mein Blatt und merke, dass ich wohl besser aufpassen sollte. Aber dann ist das Seminar leider auch schon wieder vorbei und wir klopfen auf den Tisch, wie das so coole Studenten nun mal machen, klatschen, das ist was für diese kindischen Schüler, wir sind ja jetzt schon viel reifer. Und wie zur Untermalung meiner These zur Reife des allgemeinen Studenten erschallt auf dem Campushof wieder laut »IN YOUR FACE«.

Pausengespräch

Dastehen.
Zuhören.
Nichts.
Alles geht hier rein und da raus.
Rein·Raus.
Rein·Raus.

Gehirn geht an aus.
An·Aus.
An·Aus.

Leeres Gerede
Über das was der mit dem und ihr gemacht hat.
Alles lacht.
Ich, ich höre nichts.
Der Mund geht auf und zu.
Auf – Zu.
Auf – Zu.

Mancher Mund ist auch betroffen offen
Ein anderer hämisch geschlossen.
Geheucheltes Mitleid zieht vorbei.
Von hier nach da.
Hier – Da.
Hier – Da.
Alles klar?
Eine der Fragen die selten ernst gemeint ist.
Eine Floskel.
Antwortet man ehrlich,
geht die Antwort hier rein und da raus.
Rein – Raus·
Rein – Raus.

Interesse geht an aus.
An – Aus.
An – Aus.

Ich laufe hin und her.
Hin – Her.
Hin – Her.

Alles dreht sich im Kreis.
Schwindelgefühl kommt vorbei,
sagt »Hi« und verschwindet wieder.
Stehen.
Bleiben.
Zu viel Bewegung.
Hier drin und da draußen.
Bewegungslos.
Endlich wieder auf den Punkt kommen.

Nie mehr:
Hier – Da!
Auf – Zu!
Rein – Raus!
An – **Aus!**

Polygamie für alle

»Gemeinsam pinkeln gehen, das machste ja auch nicht mit jedem.«, sagt Ixam* und wir nicken bestätigend, weil wir betrunken sind und nicht wissen, warum sie das jetzt eigentlich sagt. Wir sitzen auf einer WG-Party und trinken Rotwein für 2,39 Euro, aber immerhin den guten, mit dem Korken. Ehrlich gesagt, weiß ich nicht, ob er gut ist, aber die Flasche sah mit dem hübschen Etikett so schick aus und das ist für mich Auswahlkriterium Nummer 1: Wenn die Flasche schön ist, kann der Wein nur gut sein.

»Sag mal, ist in den Brownies eigentlich Marihuana drin?«, fragt ein Kerl mit einer unfassbar kreativen und individuellen rot-gelb-grün-schwarzen Mütze. »Nein, aber mit doppelt Schokolade.«, sage ich. »Dann ess' ich auch keinen.«, sagt er und meint aus heiterem Himmel noch: »Ich glaube ja, dass einem die besten Ideen auf dem Klo kommen und dass die Spitzenpolitiker einfach nie genug Zeit haben aufs Klo zu gehen und ein bisschen zu denken.« und geht. Schon ist eine politische Diskussion entbrannt, wie das gute, allgemeingebildete Studenten nun mal so tun. Zwischendurch rezitiert jemand ein paar Verse Cindy aus Marzahn und Tim Bendzko, damit wir uns nicht zu gebildet fühlen.

Plötzlich werde ich mit einem Kuscheltier, das aussieht wie Spongebob Schwammkopf, beworfen. Ein komischer Mann mit Pudelmütze zwinkert mir zu, ich werfe Spongebob quer durch den Raum, er wie ein Hund hinterher. Gut. Der ist vorerst beschäftigt.

»Marsha, willst du mich eigentlich heiraten?«, fragt mich Ixam, die gerade in einen meiner selbstgebackenen Brownies gebissen hat. »Aber nur, wenn du mein Kind austrägst und regelmäßig backst. Und damit klar kommst, wenn ich Eiram auch heirate und mit Itan einen saufen gehen.« Noraa möchte auch mitmachen, aber nur, wenn jeder mit jedem darf. Das findet Ixam auch gut, alle mit ihr, das wäre ja viel zu anstrengend. Er will für die Kindesnamen verantwortlich sein und ausgefuchst und kreativ wie er heute Abend ist, soll der erste Junge »Noraa J.R.« heißen. »POLYGAMIE FÜR ALLE!«, schreit jemand irrelevantes und geht.

»Sag mal, ist in den Brownies Marihuana drin?«, fragt mich ein Mädchen mit leerem Blick und langen Rastalocken, die, wenn sie einmal den Kopf heftig drehen würde, jeden einzelnen in diesem Raum schwere Verletzungen hinzufügen könnte. »NEIN!«, schreie ich passiv-aggressiv und bewerfe sie mit einem Korken. Also theoretisch, praktisch treffe ich leider nur den Spongebobpudelmützenmann, der sich verwirrt umdreht. Ich verstecke mich hinter den Rastalocken und bin unsichtbar für ihn. Das Mädchen stellt sich als Eva vor, die »Gender studies« und » Air Qualitiy Control, Solid Waste and Waste Water Process Engineering« studiert, weil sie die Welt retten will und Gleichberechtigung voll wichtig findet. »Aha.«, sage ich und drehe mich weg.

»Und, was willst du vom Leben?«, fragt mich ein Junge mit gegelten Haaren, fast schon möchte ich Kind sagen, der unfassbar grotesk in seinem Hemd und dem Pullover darüber aussieht. »Aha, ein BWL-Student«, denke ich mir. »Och, Urlaub in Neuseeland wäre mal geil. Oder alle Staffeln ‚Gilmore Girls‘ auf DVD.«, sage ich. Er schnaubt verächtlich mit der Nase und meint, er wolle reich werden und viele Mitarbeiter haben. Ich sage »Deine Mutter hat dich wohl nie geliebt.«. Er fängt an zu weinen und rennt weg. Voll ins Schwarze, Treffer versenkt, Mission erfolgreich.

Etwas Weiches trifft mich genau auf die Brüste. Einen Meter weiter steht der Mann mit der Pudelmütze und grinst dämlich und ich frage, was bei ihm eigentlich schief gelaufen ist und ob er wirklich denkt, dass er mit der Masche Frauen kennen lernen kann. Ich habe Spongebob jetzt in meiner Gewalt und gebe ihn erst wieder her, wenn ich vom Spongebobpudelmützenmann einen Becher Wein bekommen habe. Gut, der ist vorerst beschäftigt.

»Sag mal, ist in den Brownies eigentlich Marihuana drin?«, fragt mich ein Mann, der so aussieht, als würde er Afrikanistik studieren. »JA MANN!«, schreie ich entnervt und plötzlich stürmt der gesamte Raum auf mich zu.

Zehn Minuten später sind die Brownies leer und alle placebohigh. »Idioten«, denke ich mir und grinse.

Der Spongebobpudelmützenmann bringt mir Wein, ich gebe ihm

Spongebob wieder und der Rest des Abends ist etwas verschwommen. Vielleicht ist noch irgendwas explodiert, sicher bin ich mir da aber nicht. Nur an den letzten klaren Gedanken kann ich mich noch erinnern: »Ach, da könntest du ja mal einen Text drüber schreiben.«

*Namen aus Anonymitätsgründen in umgekehrter Reihenfolge

Hulk

»Wie heißt du?«

»Marsha.«

»Das ist aber ein komischer Name.«, sagt Jeremy-Taylor-Maddocks zu mir, packt seinen Star-Wars-Ranzen und verschwindet.

»Im Dschungelbuch gibt es einen Affen, der heißt so ähnlich.«, fügt Xanthippe Pandora hinzu, zeigt mir ihr allerschönstes Zahnlückenlächeln und packt einen veganen Muffin aus ihrem Jutebeutel.

Die beim Amt müssen stoned gewesen sein, als sie diese Namen zugelassen haben. Hier meine Top 10 von Namen, die tatsächlich von Standesbeamten beurkundet worden sind:
1. Don-Armani Karl-Heinz
2. Berlin
3. Legolas
4. Peaches Princess
5. Camino Santiago Freigeist
6. Friedensreich
7. Mogli
8. Jogi
9. Godlight (werden so nicht Schwerter in Fantasyromanen genannt?)
10. Twombly

Trotzdem darf ich diese Kinder nicht in Schubladen stecken, immerhin mache ich gerade Praktikum an einer Grundschule und muss die Kinder so nehmen wie sie sind.
Auch wenn mir das bei Kindern wie Hugo schwer fällt. Während ich Hugo aus der zweiten Klasse dabei beobachte, wie er Penisse in sein Matheheft malt, überlege ich, ob er wohl nach dem Drink benannt ist, von dem seine Mutter in seiner Zeugungsnacht zu viel getrunken hat.

Wenn das so wäre, müsste ich mein Kind wohl irgendwann »Pfeffi« nennen und das will nun wirklich niemand.

Ich ducke mich, denn Jaden schmeißt einen Füller in Richtung Lehrerin, trifft nur die Wand, ruft dabei laut »FICKSCHEISSE!« und wirft seinen Tisch aus dem offenen Fenster. Respekt, denke ich mir, so jung und schon so kräftig, dass er Tische werfen kann. Ich taufe ihn heimlich Hulk. Hulk ist auch ein viel schönerer Name als Jaden. Viel mehr Menschen sollten ihre Kinder Hulk nennen. Und wenn wir schon dabei sind: Wie wäre es mit Batman, Aurora, Elektra oder Thor?

Als sie einen Steckbrief schreiben sollen, schreibt Hulk zur Frage »Wer ist dir wichtig?« die Antwort »Mein Bett.« Irgendwie ist er mir ja doch ganz sympathisch. Auch wenn ich hoffe, dass Hulk niemals so böse wird, dass er mit seinem Bett nach seiner Mutter wirft. Man weiß ja nie.

Am nächsten Tag sitze ich im Englischunterricht in der vierten Klasse. Die Hälfte der integrativen Klasse kann noch nicht mal Deutsch richtig verwenden, aber es ist total wichtig, dass sie jetzt schon Englisch können. Oder es versuchen. Oder zumindest mal über englischsprachige Länder sprechen.

»Sagt mal, was wisst ihr denn über Kanada?«, fragt der Lehrer.
»Da wurde Justin Bieber geboren!«, erschallt es in einem Chor durch das Zimmer.

Mir wird schnell klar, dass von dieser Generation wohl nicht allzu viel zu erwarten ist.

Der Junge, der ADHS diagnostiziert bekommen hat, packt in der Frühstückspause einen Donut, eine Milchschnitte und Cola aus seinem Ranzen. Aber natürlich ist er nicht deswegen so aufgedreht, daran hat nur das ADHS Schuld und nicht etwa die gefühlte Packung Zucker, die er am Tag zu sich nimmt. Wahrscheinlich bekommt er bald noch Diabetes diagnostiziert. Ich beschließe, dass Eltern der Ursprung allen Übels sind und frage mich, warum es keine Prüfungen für potentielle Eltern gibt.

«Durchgefallen. Sie bekommen keine Lizenz zum Kinderkriegen. Bitte beschäftigen Sie sich doch noch mit etwas anderem als Alkohol, Zigaretten und Fernsehen und versuchen Sie dann wieder. Sie sind zum Kinder erziehen nicht geeignet, das Kind würde bei Ihnen emotional und sozial verarmen und wie Sie werden. Wir hätten Ihnen aber auch ein paar Kurse anzubieten. Wie wäre es mit 'Warum es ein Problem ist, wenn der beste Freund meines Kindes der Fernseher ist' oder 'Warum frische Luft und spielen gut für mein Kind sind' oder auch ‚Wieso mein Kind mit 9 Jahren noch nicht GTA V spielen sollte'.«
Wobei die meisten Lehrer GTA für die Abkürzung von Ganztagesangebot halten und ganz schockiert waren, als ich sie über das Spiel aufklärte.

Heinz, der Junge mit vietnamesischen Eltern, spricht mich an.

»Wie alt sind Sie?«
Ich mache einen großen Fehler und sage:»Rate mal!«.
»26.«
»Nee, jünger.«
»16.«
»Älter!«
»40!«
»OK, STOPP JETZT!«

Den Rest des Tages verbringe ich mit Weinen.

Die nächsten Tage lerne ich interessante Dinge in der Schule. Ärgern ist die Grundform von »beleidigte«, tot ist die Steigerung von krank, Penis schreibt man mit e, also Penes, sächsische Grundschullehrer streichen das Wort »drinne« in Aufsätzen nicht an, das ist also ein anerkanntes Wort in Sachsen, Viertklässler gehen in ihren Ferien in den Wildpark und werfen mit Messern und laut Pia aus der ersten Klasse ist eine Lichtung eine große Wiese mit ganz vielen Lichtern drum rum. Und von Hulk habe ich mehr Schimpfwörter gelernt als an der Oberschule in Leipziger Plattenbaumittelschulen.

Früher, als ich in der Grundschule war, wusste ich nichts über Geschlechtsteile, mein schlimmstes Schimpfwort war »Blödie« und an der Wand im Klo stand «Seks«. Ich hatte einen Gameboy mit der blauen Pokémonedition und konnte bis zur vierten Klasse »Teenager« nicht richtig aussprechen, sondern sagte immer »Teenaaaager«. Ich schaute Disneyfilme und wollte Prinzessin sein, aber nicht mit 13 schwanger, so wie Chantal aus der Vierten.

Wobei es bessere Vorbilder als Disneyprinzessinnen gibt. Sie haben alle keine Mutter mehr, leben meistens unter dem harten Regiment ihres Vaters und weil sie die fehlende Liebe der Eltern irgendwie kompensieren müssen, verlieben sie sich alle mit 16 für immer und ewig in den erstbesten Mann, den sie finden. Arielle ist so dünn, dass sie durch ein Bullauge passt. Außerdem hat sie noch nicht mal Unterwäsche an, als sie ihre Beine bekommt und den Prinzen trifft. Und Ursula, die Seehexe, nennt Arielle eine Schlampe und gibt ihr folgenden Tipp: »Halt's Maul und du kriegst den Mann!«. Na, das nenn ich mal fortschrittlich. Am Ende heiraten sie alle ihren Traumprinzen und dann: Happy End. Weiß doch jeder, dass man als junges Mädchen nur glücklich wird, wenn man die große Liebe findet und heiratet. Vielleicht sollte ich das auch mal versuchen: Den ganzen Tag rumsitzen, singen und hoffen, dass mein Traummann irgendwann mal zur Tür hereinschneit und mich aus meinem Alltagskoma befreit.

Das einzige, worum ich diese Prinzessinnen wirklich beneide: Sie müssen nie aufräumen oder sich selbst anziehen, das erledigen immer irgendwelche Tiere, die kommen, sobald sie anfangen zu singen. Obwohl da bei meinem Gesang wohl nur eklige Tiere wie Kakerlaken und Ratten angerannt kommen würden.

Während ich Hulk dabei beobachte, wie er die Lehrerin mit Kreide bewirft und sie als »Fickfotzenhure« und schlimmeres beschimpft, frage ich mich, was ich hier eigentlich mache. Will ich wirklich Lehrerin werden und mich sowas aussetzen?

An meinem letzten Tag halte ich meinen ersten Unterrichtsversuch. Danach kommen ein paar Mädchen zu mir und fragen mich mit strahlenden Augen:»Frau Richarz, wollen Sie jetzt nicht immer den Unterricht hier machen?«.

Vielleicht will ich genau deshalb Lehrerin werden.

Seifenblasenphrasen

Du.

Du liegst untätig da.

Du liegst untätig schwermütig da und hast dir einen Plan durchdacht, hast ihn versuchsweise zaghaft durchgemacht und bist gescheitert. Hast deine tausend Lebensmisserfolge nur mal wieder um einen weiteren erweitert. Du willst es ja auch nur so und nur so und nur so und nur so und nur so und nur so und nicht anders. So und nur so und nur so und nur so und nur so ... In Endlosschleife.

Besonders anders, aber dabei immer gleich sein, das ist eins deiner vielen Ziele und wenn du so weiter machst bist du einzigartig, so wie so viele.

Du sagst »Augen zu und durch!« und vergisst dabei, dass man sich mit geschlossenen Augen in unserer komplizierten Welt nur allzu schnell verirrt.

Du lässt sie trotzdem stur geschlossen und hast sie dann betroffen offen, in dem Moment, in du dem du verwirrt bemerkst, dass man sich tatsächlich selbst verliert.

Du suchst den Sinn des Lebens oder wenigstens einen Teil davon, findest nur einen Sack voll Müll, gibst dich dann aber damit zufrieden und verpackst ihn einfach mit 'n bisschen schönem Tüll.

Du fluchst »Das Leben stinkt!«, doch das passiert eben, wenn man auf seinem Lebensweg bis zu den Knien im Tüllmüll versinkt.

Du willst auf Wolken schweben, bleibst aber auf dem Boden der Tatsachen und im Tüllmüll kleben.

Du schreist »Fuck you!« mit erhobenem Mittelfinger dem Leben entgegen, und dann fickt dich das Leben und du, du schließt dich dann ein, bist verzweifelt und tust nichts dagegen. Das Leben ist dir zu verwegen, schüchtert dich ein, macht Angst und verlegen.

Du gibst allen anderen die Schuld, bist voller Ungeduld und ignorierst die Hoffnung, die irgendwo da draußen mit Selbsthass und Verzweiflung um deine Aufmerksamkeit buhlt.

Du fühlst dich eingeengt, doch dein Blick ist nicht weit, sondern eingeschränkt. Du hast dir selbst deine Grenzen gesetzt, deswegen sind deine Gedanken jetzt beschränkt auf deine eigene Luftblasentraumwelt.

Du siehst deinen Träumen zu wie sie platzen, so als wären sie Seifenblasen, füllst deine Leere lieber mit noch leereren Straßenphrasen, die dich, dein Herz und deine Seele für eine Weile beruhigen, dich im Grunde genommen aber nur anlügen.

Du machst dich immer selbst klein, hängst deine Füße an einen Felsstein und lebst das, was du Leben nennst im andauernden Schattendasein.

Du sagst, dir fehlt der Mut, das Selbstbewusstsein und all das, doch ich, ich, mein Freund ich sag dir jetzt mal was:
Mut ist, das ängstliche Herz in die Hand zu nehmen und loszulaufen.
Du musst dir nicht immer alles schön saufen. Es wundert mich nicht, dass bei dir alles schief läuft, du kannst ja nicht einmal gerade gehen, geschweige denn mit geschlossenen Augen dein Ziel sehen und wunderst dich dann, wenn's dir schwer fällt dein Gefühlswollknäuelchaos zu verstehen.

An deiner Stelle würde ich einfach mal aufstehen und drauf losgehen. Irgendwohin. Du brauchst kein Ziel, sowieso nicht viel, vielleicht irgendwann mal einen eigenen Lebensstil, du musst dir einfach mal die wunderschöne, bunte Welt ansehen.

Verdammt noch mal, lass dich nicht gehen, geh selbst!

Mit leeren Händen stehst du da, doch dann verschränk sie nicht, sie müssen gefüllt werden, hör auf mit den Beschwerden über dein leeres Sein, verrenk dich nicht, und lass dich endlich auf dich, die Welt und andere ein.

Und wenn du jeglichen Halt verlierst, dann kannst du immer noch Haltung bewahren und deinen Mund halten, dein ständiges Gejammer ab- und deinen Kopf zur Abwechslung mal anschalten.

Und wenn alle Stricke reißen, dann reiß dich wenigstens selbst zusammen!

Doch du sagst, das Leben ist ein Teufelskreis. Ist ein Teufelskreis. Ein Teufelskreis. Teufelskreis. Kreis. Kreis. Kreis. [...] Dann solltest du endlich aufhören dich um dich selbst zu drehen, bleib doch für einen kurzen Lebensgenießermoment stehen und atme die Liebe, die in der Luft liegt ein.

Und **»BÄM!«** auf einmal bewegt sich dein Leben ohne dich, denn du bleibst ewiglich stetig in deiner eigenen Luftblasenphrasenwelt versteckt. Das Leben wird immer weiterziehen und du, du wirst immer weiter fliehen. Die einzige Konstante ist Veränderung, doch selbst die fehlt dir und du bleibst, anstatt zu leben, in der Versenkung kleben.

Eigentlich musst du noch nicht mal dein Leben ändern, sondern nur dein Ändern leben, nicht beim ersten Scheitern aufgeben, deine Seelensplitter aufheben und zusammenkleben.

Du sagst »Augen zu und durch!«, und läufst blind durch die Gegend, lebst in Lebenstheorie und Selbstmitleidseuphorie. Dein Scheitern am Sein bringt dich zum Erliegen.
Und du bleibst liegen.

Du liegst immer untätig da.
Du liegst immer da.
Immer nur ...
Du.

Von rosa Elefanten und Kaffee

Eine Geschichte über Menschen mit kognitiven und körperlichen Ein-schränkungen. Oder wie ich sie nenne: Eine Geschichte über ganz normale Menschen mit wunderbaren, faszinierenden, unterhaltsamen, manchmal auch traurigen Specialeffects. Tagebuch einer Sommerfreizeit mit 14 er-wachsenen Menschen mit Behinderung

Tag 1

Frank ein etwa 50 Jahre alter Mann, 1,90m groß und sehr schwer, ist schizophren.

»Trink nicht so viel Milch, wir brauchen doch morgen früh auch noch welche.«, sage ich zu ihm.

»Halt die Gosch, du aldes Arschloch, du bisch doch de Trinker von uns allen.«, schreit er aggressiv.

Erst erschrecke ich, merke, dass er nicht mich meint, da er mich nicht direkt anschaut, sondern jemanden links von mir. Da steht nur niemand, zumindest niemand, den ich sehen kann.

Er fährt fort und haut dabei fest auf den Tisch. »Was? Ich bin der Säufer? Ich trink nur Milch, du den ganzen Tag Whiskey ... Christoph, du Lusche, halt dich da raus.«

Ich bekomme Angst und flüchte. Überforderung ist gar kein Ausdruck.

Tag 2

Kurzes Gespräch mit einer Frau mit Down Syndrom.

Sie: »Deine Brüste. Hihi.«

»Was ist mit denen?«, frage ich verwundert.

»Die sehen schick aus.«

Tag 3

Es ist 7:00 Uhr. Ich werde von einem immer lauter werdenden »Mar-saaaaaaa. Marsaaaa« gepaart mit andauerndem Klopfen geweckt. Ich stehe auf und schlurfe schlaftrunken zur Tür. Davor steht Birgit,

57 Jahre alt, Down Syndrom. Sie strahlt mich mit ihrem zahnlosen Grinsen an und umarmt mich. »Marsaaaaa. Mei Freundin.«. Böse sein kann ich ihr dabei nicht. Dann knufft sie mich in die Seite »Alde Hex' du!«. Dazu lacht sie ihr Hexenlachen und schlurft müde in die Küche. »K...K...KAFFEE!«, ruft sie wie eine Drogensüchtige auf Entzug aus. »Aber nur eine Tasse.«, meine ich streng »A...a...aber ich mag doch Kaffee au soo gerne. Ich will zwei.«, sagt sie mit einem geübten Hundeblick. »Na gut.«, sage ich und schreibe danach koffeinfreien Kaffee auf die Einkaufsliste.

Tag 4

Ich füttere Karl, der im Rollstuhl sitzt. Er kann sich nicht bewegen, aber immerhin kann er noch Kaubewegungen ausführen und schlucken. Ach, und »Ja« und »Nein« sagen.

»Aber irgendwie ist es auch ganz schön mal zu schweigen und nichts zu sagen.«, sage ich zu ihm. »Ja.«, sagt er und nickt dabei bestätigend mit dem Kopf.

Tag 5

Thorsten liebt Susi, Susi Thorsten vielleicht ein bisschen. Man weiß es nicht so genau, auf jeden Fall sind sie Freund und Freundin. Aber eher so Freund und Freundin, wie man es eben in der 5. Klasse ist. Wenn er zu viel redet, sagt sie ihm ganz direkt »Halt du mol die Gosch, du gehsch mir uff die Nerve! Es reicht jetzt auche mol.« und er hält den Mund. Auf dem Jahrmarkt lässt sie sich von ihm auf mehrere Fahrten Autoscooter einladen, auf einmal macht es ihr nichts mehr aus, dass er so viel redet. Ich denke mir im Stillen, dass ich mir in Sachen Beziehung wohl noch einiges an Verhaltensmustern abschauen kann. Die macht das schon richtig so.

Tag 6

Fahren mit einer kleinen Gruppe zum Nürburgring. Frank steht staunend da, starrt auf die Rennbahn und schreit, aufgeregt wie ein kleines Kind: »DA! Zwei blaue Elefanten. Aber der mit den roten Socken ist schneller, als der mit den pinken.« Ich lächle. So viel Fantasie hätte ich ja manchmal auch gerne.

Tag 7

Birgit und Frank unterhalten sich. Da Birgit das Gedächtnis eines Neugeborenen hat fragt sie jeden Tag jeden »Wie heißt du?«. Außer mich. Mich liebt sie. Heiß und innig. Also kann sie sich auch meinen Namen merken. Nur eben in den verschiedensten Variationen, Mozart ist nur eine davon.

»Wie heißt du?«, fragt sie also Frank.

»Ich bin der Frank, das kleine Schlossgespenst.«, antwortet er mit einem frechen Grinsen im Gesicht.«

»Ach, du spinnst doch.«, sagt Brigitte.

Tag 8

Vorletzter Tag. Ich bin wieder bei Karl. Wir sitzen am Frühstückstisch. Auf einmal ruft er laut heraus. »MUSLI!«. Ich erstarre, frage nach, ob er denn Müsli essen will und er ruft laut raus: »Ja! MUSLI!«. Es ist zwar nur ein neues Wort, dazu noch so was wie Müsli, mit Umlauten und so, aber es ist immerhin ein neues Wort und ich bin ein bisschen stolz auf ihn. Als er dann auch noch »Kaffee!« ausruft, Birgit mit einstimmt und nach »K...K...Kaffee« fragt, muss ich lachen. Vor Glück. Da kann er 50 Jahre lang nicht mehr als »Ja!« und »Nein« sagen und ausgerechnet ich hole da neue Wörter aus ihm raus. Jetzt bin ich nicht nur stolz auf ihn, sondern auch ein bisschen auf mich.

Tag 9

Die Freizeit ist zu Ende. Birgit weicht mir den ganzen Tag nicht von der Seite, sie hat mich »ja au gerne«, in etwa so gerne wie sie Kaffee gerne hat, also schon ziemlich sehr. Als ich mich von ihr verabschieden muss, kullern kleine Tränchen aus ihren Augen. Ich bin froh, wieder zu Hause sein, wo es ein bisschen normal zugeht, wo niemand um 7:00 Uhr morgens vor meiner Tür steht und mich weckt und nicht fünf Teil- nehmer morgens von mir Frühstück wollen.

Tag 10

7:00 Uhr. Mein sechsjähriger Bruder reißt die Tür auf und hüpft auf mir rum, als wäre ich ein Trampolin. Schlaftrunken wanke ich in die Küche »K...K...Kaaaaffeee.« Dieser Beruf scheint wohl abzufärben. Mist.

Kolibriherz

Der Zug ratterte über die Gleise.

Er tippelte nervös mit seinen Fingern auf dem Kästchen, das vor ihm lag. Es war ein besonderes Kästchen, auch wenn es von außen braun und unscheinbar aussah. Ja, manche Menschen schienen es gar nicht wahrzunehmen, unverständlich für Jan.

Verträumt schaute er auf die verschneite Landschaft, die am Zug vorbei rasen zu schien. Er lächelte, seine Augen leuchteten und er schnappte sich Papier und Stift, schrieb mit konzentriert herausgestreckter Zunge etwas auf und steckte den Zettel blitzschnell, damit auch ja niemand etwas bemerken würde, in das braune Kästchen. Nicht, dass irgendjemand auf Jan achtete, sie alle waren zu sehr mit sich selbst beschäftigt.

Da war die blonde Frau, mit strengem Dutt, einer Brille. Vor ihr stand ein MacBook, in der Hand hielt sie ihr iPhone und sie wusste gar nicht, wohin sie zuerst blicken sollte. In der Bluse sah sie sehr streng aus, der Blick war gehetzt. »Arme Frau.«, dachte sich Jan. »Wann sie wohl das letzte Mal gelebt hat?«

Dann fiel ihm wieder was ein, er schrieb es auf einen Zettel und steckte ihn in das Kästchen. Es war sein ein und alles und manchmal hatte er das Gefühl, dass Menschen im Stillen über ihn und sein Kästchen lachten.

Früher hatte Jan ein kleines Segelflugzeug. Natürlich kein Richtiges, dafür hatte seine Mutter kein Geld. Ein Modellflugzeug, das er mit seinem Vater gebaut hatte lange bevor dieser an einem Herzinfarkt gestorben war. Wenn seine Mutter in ihrem Zimmer bei laut aufgedrehter Musik weinte und dachte, dass ihr kleiner Jan sie nicht hören konnte, saß er an die Wand gelehnt und ließ sein Segelflugzeug durch sein Zimmer sausen.

Bette Midlers Stimme schien die ganze leere Wohnung zu füllen. The Rose, in Endlosschleife. Bei Jan prägten sich die Songzeilen so tief ins Herz rein, dass sie in Zeiten der Trauer und Einsamkeit Trostspender und Herzensfüller waren.

Immer und immer wieder knallte das Segelflugzeug an die Fenster-
scheibe gegenüber. Er hörte erst auf, als die Anlage runter gedreht wurde und seine Mutter ihr Zimmer verließ und dann seines betrat, mit ver-
quollenen Augen verloren dastand und sich ein müdes Lächeln abrang.
Es war wohl die traurigste Zeit seines kurzen, jungen Lebens.

Die andere Frau gegenüber löste verbissen ein Kreuzworträtsel. Sie
war alt, und das sollte keine Beleidigung sein. Man sah es an ihren
Lachfalten im Gesicht, an den hängenden Mundwinkeln und den Al-
tersflecken, an ihren langsamen, bedachten Bewegungen und an der
Art, wie sie ihre Brille hochschob. Und sie verbreitete im ganzen Abteil
einen Geruch, wie ihn nur alte Menschen haben können. All das brachte
Jan zu der Erkenntnis, dass sie alt sei. Er betrachtete sie genauer. Da
er so durchschnittlich aussah wie sein Name es war, fiel es nicht auf,
wenn er seine Mitmenschen beobachtete. Niemand achtete auf ihn und
vielleicht achtete er genau deswegen auf alle.
    Sie schien sehr traurig zu sein und an dem Rätsel zu verzweifeln. »Die
Arme«, dachte er sich. »Früher hat ihr bestimmt ihr Mann geholfen. Sie
saßen zusammen auf der Veranda, Hand in Hand, und um ihr altes Hirn
zu beanspruchen lösten sie jeden Tag Punkt 15 Uhr ein Kreuzworträtsel. Sie waren die perfekte Ergänzung füreinander.«

Jan malte sich liebend gerne Geschichten zu fremden Menschen aus
und, ohne es zu wissen, traf er beinahe jedes Mal ins Schwarze. So
auch dieses Mal. Die alte Dame hieß Annegret, war seit einem Jahr
Witwe, hatte eine Woche lang ihren Sohn und dessen Familie besucht
und war jetzt auf dem Heimweg in ein leerstehendes Haus, in dem
sie alles an ihren verstorbenen Mann erinnerte. Wenn man die Liebe
seines Lebens verliert, dann bleibt einem nicht mehr viel, denn es gibt
keine zweite, pflegte sie immer zu sagen. Ein halbes Jahr später traf sie
im Wartezimmer ihres Arztes einen alten Schulkameraden und erlebte
ihren zweiten Frühling. Aber das konnte zu diesem Zeitpunkt ja keiner
ahnen.

Während der Zugfahrt füllte sich das Kästchen mit noch mehr Zettelchen, mal standen ganze Sätze darauf, mal nur ein Wort. Irgendwann war das Kästchen voll und Jan klebte es zu. Auch das bemerkte keiner, obwohl es doch auffallen müsste, wenn einer Klebestift und Paketband herausholt.

Jan war schon immer unauffällig. Einmal, in seiner Schulzeit, kam es sogar vor, dass eine Lehrerin vergaß ihm eine Note zu geben und es erst bemerkte, als die Mutter sie direkt darauf ansprach. Zu einem anderen Zeitpunkt schlich er sich an Kaufhausdetektiven vorbei und wusste endlich, wie er seiner Mutter helfen konnte. Diese, tief in Trauer versunken, wunderte sich nicht über die Geschenke oder sonstiges, lächelte ihn stattdessen gezwungen an und strubbelte ihm lieblos durch die Haare.

Das Rattern des Zuges wurde langsam, die Bremsen quietschten, verbreiteten einen ekelhaften Bremsgeruch und schließlich blieb der Zug ganz stehen. Jan zog seine schwarze Jacke an, nahm sein braunes Kästchen behutsam in beide Hände und verließ den Zug. Gleis 8 stand da, aber niemand stand für ihn da. Niemand wartete auf ihn. Das machte ihm nichts aus, er hatte ein Ziel. Vom Bahnhof aus fuhr er in die Innenstadt, dort eilte er gemächlich an all den grauen, traurigen Gesichtern vorbei und hätte ihnen am Liebsten ein Lächeln ins Gesicht gemalt. Das ging leider nicht, vor allem nicht bei so vielen Graumenschen. Also lächelte er einfach selbst. Die Wenigen, die aus ihrem Schleier hervor kamen und tatsächlich einen Blick auf den seltsamen, jungen, lächelnden Mann mit dem Kästchen warfen, mussten schmunzeln, manche sogar lächeln. Jan hatte an diesem Tag herausgefunden, wie man Menschen ein Lächeln ins Gesicht malt.

Vor einem kleinen Blumenladen hielt er mit zitternden Händen und Wackelpudding in den Knien. Er erhaschte einen Blick auf sie, schon ein Jahr lang hatte er sie nicht gesehen, schön wie eine Libelle war sie. Fortgeschickt hatte sie ihn, hatte den merkwürdigen Mann nicht verstanden, der so verliebt in sie gewesen war, dass es sie überfordert hatte.

Er kratzte all den Mut, den er hatte, aus all seinen Ecken und Poren und wo auch immer sich Mut so zu verstecken begnügte zusammen und betrat den Blumenladen. Ein Klingeln ertönte über der Ladentür, er zuckte zusammen, das Kästchen fiel herunter. Alle Augen waren auf ihn gerichtet. Sein Kopf wurde zinnoberrot, so viel Aufmerksamkeit war er nicht gewohnt. Auch sie schaute ihn jetzt an, erst fragend, dann verwundert, dann peinlich berührt. Schnell wandten sich die anderen Kunden wieder ihren Orchideen, Rosen und Tulpen zu und hatten den merkwürdigen Mann schon bald vergessen.

Nur sie schaute ihn noch an, mit ihren Kakaoaugen, und tatsächlich bildeten ihre Himbeerlippen ein sanftes Lächeln. Sie hatte Jan schon immer gemocht und seit sie ihn aus Angst vor Gefühlen fortgeschickt hatte, wurden eben jene noch größer. Vermisst hatte sie ihn.

Für ihn war sie immer diejenige gewesen, die ihn wahrgenommen hat. Bei der er nicht untergegangen ist, bei der er einfach sein konnte. Schüchtern stand er jetzt vor ihr, stellte das Kästchen auf die Ladentheke und flüsterte: »Du hast immer gesagt, dass du mich nicht verstehst. Dass ich mich vor dir verschließe. Hier hast du meine Gedanken, gesammelt auf Papier.« Schnurstracks, mit klopfendem Kolibriherz, verließ er den Laden, ging in der Masse unter und verschwand.

Und sie? Sie konnte nicht hinterher, dafür aber verwundert den Kopf schütteln. So wie ihre Chefin, die sie schon tadelnd anschaute. Die Kunden wollten ja bedient werden. Und überhaupt, wer war dieser Mann, dass er hier einfach so hereinspaziert kam?

»Jan.«, flüsterte sie mit klopfendem Kolibriherz und zittrigen Händen.

Wortwörtlich – Ein Dialog

»Hallo! Ich habe gerade mit dir gesprochen. Hat es dir etwa die Sprache verschlagen?«

»Nein. Mich hat niemand geschlagen.«

»Orr. Dann anders ausgedrückt: Findest du keine Worte?«

»Hab fie gerade gefunten. Fie liegen mir auf ter Funge.«

»Na dann, raus mit der Sprache!«

[Packt sich einen Duden und schmeißt ihn aus dem Fenster.]

»Du sollst mit mir reden, und nicht den Duden aus dem Fenster schmeißen!«

»Aber du sagtest doch raus mit der Sprache.«

»Ja, aber nimm doch nicht alles so wörtlich.«

»Wie soll ich denn deine Worte dann nehmen, wenn nicht wörtlich?«

»Naja, ernst.«

»Na gut. Nehme ich dich halt ernst.«

»DANN SPRICH DOCH MAL ENDLICH MIT MIR.«

»Reg dich doch nicht gleich so auf. In der Ruhe liegt die Kraft, mein Lieber.«

»Und du raubst mir meine Kraft und stiehlst mir meine wertvolle Zeit.«

»Hast du mich gerade Dieb genannt? Unerhört!«

»Nein.«

»Aber?«

»Du raubst mir noch all meine Nerven.«

»ALSO DOCH. Ich raube dir gar nichts.«

»Sag mal, bist du so dumm oder stellst du dich nur dumm?«

»Ein schlauer Mann sagte mal: Der Vorteil der Klugheit besteht darin, dass man sich dumm stellen kann. Das Gegenteil ist schon schwieriger.«

»Das ist von Kurt Tucholsky, ich weiß.«

»Nein, das hat mein Opa immer gesagt. Tucholsky muss ihn wohl zitiert haben.«

»Meinetwegen. Wie du meinst. Aber jetzt erzähl doch mal. Ich hab nicht ewig Zeit. Und sowieso: Was du heute kannst besorgen, das verschiebe nicht auf morgen.«

»Aber morgen ist doch viel schöneres Wetter. Da macht Plaudern bestimmt viel mehr Spaß. Bei einem gemütlichen Picknick ...«

»ICH WILL KEIN GEMÜTLICHES PICKNICK. Jetzt steh mir doch endlich mal Rede und Antwort.«

»Aber ich steh doch schon die ganze Zeit.«

»Ja bist du denn des Wahnsinns kesse Beute? Ich will ...«

»Ich bin niemandes Beute, schon gar nicht von diesem Wahnsinn. Ich kann nämlich ganz schön schnell rennen.«

»ICH WILL ANTWORTEN HABEN.«

»Dann kauf dir ein Lexikon. Da stehen ganz viele drin.«

»Aber nicht auf meine Fragen.«

»Dann kannst du ja mal »Die Maus« fragen. Die weiß alles. Hat Mama immer gesagt.«

»Aber ich frage doch DICH gerade.«

»Ach? Mich? Was willst du denn?«

»Antworten.«

»Achso ... Auf was denn?«

»Auf meine Fragen.«

»Welche Fragen?«

»Willst du mich eigentlich verarschen?«

»Arsch ist aber kein schönes Wort. Sag doch lieber »verhintern«. Obwohl, wenn das die Sachsen aussprechen, könnte man das mit verhindern verwechseln. Verpopoen. War das jetzt deine Frage? Dann will ich das nicht, keine Sorge.«

»Das war nicht meine Frage.«

»Ja, dann stell sie doch endlich mal, ich hab ja auch nicht ewig Zeit.«

»Nerv mich doch ruhig weiter, tu dir keinen Zwang an.«

»Niemand zwingt mich. Ich mach das freiwillig.«

»Ich will doch nur die Wahrheit.«

»Im Wein liegt die Wahrheit. Soll ich dir eine Flasche schenken.«

»Nein. Sonst werde ich noch blau.«

»Wie ein Schlumpf? Ui, wie schön!«

»Nein! Betrunken, besoffen!«

»Wer ist ertrunken und ersoffen?«

»Niemand.«

»Ja, warum sagst du dann so was? Das ist aber nicht nett, mich so reinzulegen!«

»Du treibst mich noch mal in den Wahnsinn!«

»Der gleiche, der Beute sucht?«

»AN DEN RANDE DER VERZWEIFLUNG!«

»Aber bitte nicht springen. Die Verzweiflung ist bestimmt sehr tief und dann wärst du wahrscheinlich derjenige, der ertrunken und ersoffen ist.«

»Wenn du so weiter machst, ist die Verzweiflung bald sehr groß.«

»Und je größer die Verzweiflung, desto größer dein Fall. Verstehe.«

»Nichts verstehst du, das ist ja das Problem.«

»Ich habe kein Problem. Hast du eins?«

»Ja. Und ich würde es jetzt gerne lösen.«

»Nimm doch Nagellackentferner, das ist ein gutes Lösungsmittel.«

»Aber doch nicht für Probleme!«

»Na dann kann ich dir doch auch nicht helfen. Wenn du meine Vorschläge nicht annimmst. Selbst Schuld. Du bist wie der April, der weiß auch nicht, was er will.«

»Ich will, dass du mir antwortest.«

»Aber du hast ja noch gar keine Frage gestellt. Abgesehen davon, wo wolltest du sie eigentlich hinstellen? In meinem Kopf ist kein Platz mehr.«

»Jetzt hör doch mal auf zu reden und hör mir zu.«

»Hast Recht. Reden ist Silber und Schweigen ist Gold. Ich höre?«

»Jetzt hab ich vor lauter Dummheiten aus deinem Kopf meine Frage vergessen.«

»Dummheiten? Du hast doch deine Frage vergessen. Wer ist hier also dumm? Ich gehe.«

»Ist wahrscheinlich besser so. Reine Zeitverschwendung.«

»Dann investier sie doch besser. In die Zukunft zum Beispiel. Soll the next big thing für Zeitinvestment sein.«

»HALT JETZT DEINE KLAPPE UND GEH DEINER WEGE.«

»Meine Wege? Nur für mich? Hat mir jemand Wege gebaut? Das ist ja toll.«

»GEH ODER ES WIRD JEMAND STERBEN!«

»Jemand? Kenn ich den? Der arme Kerl. Was hat er denn?«

»HAU AB!«

»Ich will ‚Ab‘ aber nicht hauen.«

»GEEEEEEEH!

»Ist ja schon gut. Ich sag ja gar nichts mehr. Aggressives Kerlchen.«

Schlussmachpoesie

Du sagst »Ich lieb' dich doch so sehr!«
Und ich muss sagen »Ich dich nicht mehr.«
Du fragst »Wo kommt denn das auf einmal her?«
Und ich sage »Hm.«

»Gefühle können doch nicht einfach so verschwinden.«
Und ich sage »Doch.«
»Wohin?«, fragst du und ich sag »Ich weiß es nicht«
Und weiß es doch.

Im Stillen denk ich mir:
»Vielleicht ist die Liebe nur mal eben Zigaretten holen
oder plötzlich im Zug nach Timbuktu geflohen.
Vielleicht ist sie himmelhoch jauchzend, zu Tode getrübt,
im Weglaufen nun mal schon sehr gut geübt.
Oder sie hat einfach keinen Bock mehr
und das, ja das versteh' ich sehr.«

»Was hab ich falsch gemacht?«
Und ich sage »Nichts« und meine doch »Alles«
»Liegt es an mir?«
Und ich sage »Nein« und meine doch »Jein«

Es liegt nicht an dir, sondern an mir wäre gelogen.
Es liegt an uns.
Wir waren mal groß, doch jetzt sind wir klein.
Und meine Liebe floss dahin, wie in Düsseldorf der Rhein.

Du liebst Fernsehen,
ich will die Welt lieber in 3D sehen.
Ich liebe Bücher und Poesie
und du ... du liest halt nie.

Dein Leben ist mehr Social Media,
ich bin lieber im Real Life social acitve,
Ich bin Träumerin und du Realist.
Du bist was du bist,
aber nichts mehr für mich.
Ab sofort lebt jeder nur noch für sich.

Und du weinst und schluchzt
und ich fühle nichts.
Es tut mir ja Leid,
aber so geht das nicht.

Wir waren mal groß, doch jetzt sind wir klein.
Und meine Liebe floss dahin, wie in Düsseldorf der Rhein.

Und du suchst verzweifelt nach ‚nem Grund,
doch der Grund ist schlichtweg Liebesschwund.

Du meinst, ich hätt' ‚nen Neuen, wohl einen dieser Slammer,
und ich frag dich »Sag mal, bist du behämmert?«

Du hast immer von Kindern und Heiraten gesprochen,
und ich mit meinen Anfang zwanzig hab Zukunftsangst in der Luft
gerochen.
Du wolltest im Urlaub immer nur nach Bayern.
Beim Gedanken an Katholiken könnt' ich aber reihern.

Such dir doch lieber eine mit Dirndl und Schürze
während ich mich kopfüber ins Leben stürze.
Denn ich bin »jetzt weg, weg, und du bist wieder allein, allein«
Du bist es nicht und du wirst es nie sein.

Denn wir waren mal groß, doch jetzt sind wir klein.
Und meine Liebe floss dahin, wie in Düsseldorf der Rhein.

Das war keine Liebe,
das war bloß hohle Routine.
Wir in Trümmern, eine Ruine.
Und ich bin zu jung, um die Trümmerfrau zu mimen,
wir zwei erreichen nie die Gefühlsmaximen.

Aber das macht nichts.
Denn rein faktisch
gibt es kein wir mehr.
Und das findest du unfair.
Aber so ist das Leben
ich geh jetzt mal eben.

Wir waren mal groß, doch jetzt sind wir klein.
Und meine Liebe floss dahin, wie in Düsseldorf der Rhein.
Also lass uns jetzt gewesen sein.

Der Tag, an dem wir doch nicht starben

Wir sind Herbstblätter.
Herbstblätter, die sich an bekannten Ästen festklammern, um nicht zu fallen.
Und fallen doch.
Weil Jahreszeiten, Wetter und Wind stärker sind als wir.

Du weißt, dass ich Recht habe.
Wie für Laub gibt es für uns keinen Weg zurück.
Und so liegen wir hier, bei all den anderen und beneiden jene, welche noch hoch erhoben und erhaben am Baumwipfel hängen und mit Windböen tanzen.

Wir sind Herbstblätter.
Raschelnd laut und bunt.
Nach dem Sommer waren wir plötzlich da und niemand wusste was mit uns anzufangen, selbst wir hatten keine Ahnung.
Deswegen werden wir zusammen gekehrt und weggeblasen, von Kinderhänden mit staunenden Augen aufgehoben und herumgewirbelt und verfallen schließlich in unsere Einzelteile.
Machtlos, schwach und wehrlos stehen wir dem gegenüber, was die Welt mit uns macht.

Wir sind wunderschöne Herbstblätter und werden mit Füßen getreten.
Weil die Welt ignorant ist und Schönheit nicht erkennt, wenn sie direkt vor ihnen steht.
So, wie ich dich nicht erkennen kann, weil du verschwommen lebst, bruchstückhaft Vergangenheitsfetzen wirfst, die ich zusammenkleben muss.
Du bist Spekulation in ihrer reinsten Form, hast weiche Konturen und wirkst doch eiskalt und steinhart.
Du bist der Scheinriese Tur Tur. Unnahbar und einsam. Weil du niemanden an dich ran lässt, weil sich niemand an dich heran traut, liegst

du zwischen all den anderen Blättern da und bist doch einsam.

Weil man dich nur Selbstschutz lehrte, hast du dir eine Mauer aus Ironie, Weltwut, Sarkasmus und Wortwitz gebaut.

Wir sind Herbstblätter.

Auf dem Boden der Tatsachen, doch immerhin haben wir uns oder du hast mich, denn du bist ja nie da.

In fremden Welten gefangen, der Zutritt für mich versperrt, doch ich kann warten.

Wir sind Herbstblätter.

Bunt, schön und doch kaputt.

Müssen Platz für Neues schaffen und resignieren.

Liegen im Sterben, während sich manch einer an unserer Farbenvielfalt erfreut.

Du weißt, dass ich Recht habe und senkst den Kopf.

Meine linke Hand wärmt sich an der Teetasse, während meine rechte deine wärmt und sie sachte drückt. Du drückst zurück und schaust aus dem Fenster, auf die im Sturm herum wirbelnden Herbstblätter, die für den kurzen Moment lebendiger wirken als die beinahe kahlen Bäume, die sorgenvoll auf den Winter warten.

Wir sind vielleicht doch keine Herbstblätter.

Vielleicht sind wir Bäume, die auch die kältesten Winter überstehen.

»Nah beieinander, wie die Bäume in dem Wald, in dem ich als Kind an herbstigen Sonnensonntagen immer Kastanien sammeln war.«, flüsterst du und ich hebe den Vergangenheitsfitzel vorsichtig auf und klebe ihn ganz oben in die Ecke mit der Aufschrift:

»Der Tag, an dem wir doch nicht starben«

»Ich ernähre mich vegan, weil ich gesünder leben will und meinem Körper nur Gutes tun möchte.«, sagt das Mädchen mir gegenüber und zündet sich eine Zigarette an.

Je mehr sie redet, desto mehr bereue ich es, dass ich in Frankfurt in den falschen ICE gestiegen bin und ihr das Gleiche passiert ist und sie jetzt hier mit mir am Gleis steht.

Kann ja mal passieren, wenn man keine Anzeigen am Gleis liest und sich einfach in den Zug setzt, der halt leider zehn Minuten früher als geplant abfährt und halt auch leider nach München und nicht nach Mannheim.

»Kann ja mal passieren.«, sagte auch der Schaffner, nachdem er mich ausgelacht und sich die Lachtränen aus den Augenwinkeln gewischt hatte.

»Passiert sogar anderen«, sagte das Veganermädchen hinter ihm, das kurz vor den Tränen stand, weil sie jetzt einen Umweg von 2 Stunden fahren musste.

»Sowas passiert mir ständig«, sagte ich. Es ist ein Wunder, dass ich immer wieder regelmäßig im betrunkenen Zustand zu meiner eigenen Wohnung zurück finde, ohne dabei aus Versehen in Halle zu landen.

»Weißte, sonst wäre ich ratzifatzi dagewesen und so brauch ich ewig. Jetzt hab ich viel weniger Zeit, um meine Bewerbung für die Praktikas zu schreiben.«

Praktikas. Praktikas. Sie hat »ratzifatzi« und »Praktikas« gesagt und mit einem Schlag all meinen Respekt verloren. Schlimmer wäre nur noch Praktikums. Oder am besten noch Praktikumse.

»Nur weil wir gleich dumm waren und im falschen Zug saßen, heißt das nicht, dass wir uns jetzt unterhalten müssen«, denke ich, sage aber »Hmhm.«

Ich mag Zugfahren, aber Zugfahren mag mich wohl nicht. Bei meiner letzten längeren Fahrt hatte der Zug erst eine Stunde Verspätung und dann hielten wir irgendwo an und mussten den ICE wechseln, weil unserer kaputt war. Komischerweise sind die Menschen aus dem neuen ICE in unseren kaputten gestiegen.

»Meine Damen und Herren, wir entschuldigen die Unannehmlichkeiten. Als Entschuldigung dürfen Sie sich nun ein Freigetränk im Bordbistro abholen.«

Wie schön, immerhin weiß ich jetzt, dass der Deutschen Bahn eine Stunde meiner Zeit ganze 3,30 Euro wert ist.

Mit in diesem Zug sitzen Erasmus und Beatrix. Nein, kein 80 Jahre altes Ehepaar, sondern eine Zweijährige und ein Siebenjähriger, deren Eltern mit einer kompletten Ausrüstung von allem, was es von Jack Wolfskin gibt und Tennissocken in den Sandalen alle Klischees erfüllen, die man sich vorstellen kann.

Ich muss mich stark zusammenreißen, die Mutter mit der Warze im Gesicht und dem strähnigen Haar nicht zu fragen, wie sie jemanden gefunden hat, der nicht nur einmal, sondern gleich zweimal mit ihr geschlafen hat.

Beatrix will durch den Gang laufen. Mama sagt ja. Beatrix will dabei laut jauchzen. Mama sagt nix. Erasmus rennt mit. Papa schweigt. Beide rempeln die anderen Fahrgäste an. Papa schweigt. Erasmus zieht Beatrix an den Haaren. Beatrix weint. Mama sagt »Erasmus, das war jetzt aber sowas von NEIN!« Erasmus muss sich wieder hinsetzen. Erasmus tritt mit seinen Füßen gegen meinen Sitz. Mama lächelt ihn voller Liebe an und sagt »Kleiner Rabauke«. Beatrix musste Pipi, hat's aber leider zu spät gesagt und jetzt riecht es ganz wunderbar im Zug.

»Macht ja nix, kann ja mal passieren«, sagt Mama.

Papa schweigt.

»Mir reicht's«, sage ich und stelle mich mit einer Milchschnitte direkt vor die Kinder und esse sie genüsslich auf, ohne etwas abzugeben. Danach strecke ich ihnen, wie eine richtige Erwachsene, die Zunge raus und verlasse den Wagen. Beim Rausgehen höre ich nur noch das herzzerreißende Jammern von Erasmus und Beatrix, weil ihre Eltern ihnen nur veganes Essen erlauben und jetzt eine Grundsatzdiskussion folgt.

Ich bemerke, dass die Anzeigetafel das Datum 28.03.1985 anzeigt und stutze ein bisschen. Wahrscheinlich ein technischer Fehler, denke ich mir, aber da sehe ich den Mann, der mit einem Discman Musik hört. Neben ihm sitzt ein Mann, der aussieht wie Marty McFly und plötzlich befürchte ich, dass ich mit dieser Zugfahrt gleichzeitig eine Zeitreise mache.

Das Pärchen mir gegenüber hat pseudointellektuell und beinahe künstlerisch eine Wochenzeitung wie ein Stillleben auf dem Tisch ausgebreitet, starrt aber den Rest der Fahrt aufs Smartphone. Kommunikativ. Leidenschaftlich. Begeistert. Romantisch. Das muss es sein, dieses »Liebe«.

Ich habe einfach gleich meinen Laptop ausgepackt und schaue Game of Thrones. Erst zu spät merke ich, dass die Frau Mitte 50 neben mir mitschaut und voller Ekel den Mund verzieht und im tiefsten Sächsisch irgendwas über »Scheiß Homos, jetzt schaun die das auch noch in der Öffentlichkeit« murmelt, als sie die Lesbensexszene sieht. Ja, liebe Frau, ich schaue in aller Öffentlichkeit einen Lesbenporno, bei dem ab und zu mal ein paar Köpfe rollen, wer würde das nicht tun? Ich schließe den Laptop und als ich aufs Klo gehe streiche ich ihr leicht über den Oberschenkel und zwinkere ihr zu. Als ich zurückkomme, ist sie weg. Schon wieder eine verstörte Seele, wie traurig.

Hinter mir sitzt ein älteres Paar, das aufbrausend und leidenschaftlich über die Diskussion über die Diskussion über die Genderdiskussion diskutiert. Soll heißen, sie redet und er wirft ab und zu ein »Hmhm« oder »Du hast vollkommen Recht« ein, meint damit aber eigentlich »Ich will ein Bier« und »Schnauze!«. Zwischendrin bemerkt sie immer mal wieder, dass sie das Bremsenquietschen nervt und nach dem zehnten »Das Quietschen nervt« entgegne ich »Ihre Stimme nervt« und sie schweigt beleidigt.

Ich war gemein zu Mitmenschen und vielleicht ist es ja mieses Karma, dass ich jetzt mit dieser veganen Quasselstrippe am Gleis stehe und eine zweistündige Zugfahrt mit ihr vor mir habe.

»Kommste auch aus Leipzig?«, fragt sie.

»Hmhm.«

»Studierste da?«

»Hmhm.«

»Wasn?«

»Sorry, aber mal was ganz anderes, guckst du eigentlich Game of Thrones?«, unterbreche ich ihre nervige Fragerei, als wir in den Zug einsteigen.

»Ja natürlich, das gucken ja alle und man muss ja mitreden können.«

»Ok. Bei welcher Staffel biste denn gerade?«

»Erst bei der ersten. Aber da schon bei der fünften Folge. Ich muss ja auch noch Breaking Bad und so gucken.«

»Dann hör mir mal gut zu. Ich hab alle Bücher gelesen und wenn du jetzt nicht endlich den Mund hältst, werde ich dir für jedes weitere Wort der Reihe nach verraten, wer noch sterben wird. Ratzifatzi geht das, das kann ich dir sagen.« Das war eine Lüge, aber eine Notlüge, weil ich sonst wegen ihres Geplappers wahnsinnig geworden wäre und sie umgebracht hätte.

Sie schnaubt fassungslos, schnappt sich ihren Koffer und setzt sich weit weg von mir.

Endlich Ruhe, denke ich mir, als eine vierköpfige Familie die Rolltreppe hochkommt. Ich entdecke Erasmus und Beatrix, samt ihrer Ökoeltern und natürlich setzen sie sich direkt neben mich. Erasmus grinst mich mit einem fiesen Grinsen an und hält dabei seine Wasserpistole hoch.

Karma, Bitch, denke ich noch, da fängt Beatrix schon an zu schreien und zu weinen. Das wird noch eine lange Zugfahrt und fast wünsche ich mir das nervige Veganermädchen wieder her. Aber nur fast.